Werner Breuer

Weißt du noch?

Organisieren, hamstern, „stoppeln" geh'n

Von ersten Filmen im Hansa-Theater
und ersten Tänzen im „Mau Mau"

Geschichten und Anekdoten aus Rostock
„ut de Russentied"

HERKULES VERLAG

Mein Dank gilt
vielen Freunden und Bekannten. Hier in alphabetischer Reihenfolge:

Irmgard Fuchs, Erika Habedank, Lubov Geinbichner, Ruth Mach, Rosina Reim und Elisabeth Siebers.

Sowie den Herren: Dipl.-Volksw. Fritz Becker, Sergej Bietz, Richard Draber, Tobias Draber, Dipl.-Ing. Klaus Fytterer, Prof. Dr.-Ing. Friedrich Habedank, Dr.-Ing. Wolfgang Lincke, Dipl.-Ing. Dietrich Klose, Prof. Dr. med. Paul Herrmann Krasemann, Joachim Meier, Günter Reckel und Simon Thamm, Architekt.
Besonders danke ich meiner Frau, Marga Breuer, für die vielen Verbesserungen und Korrekturen.

Inhaltsverzeichnis

Vorwort

Viel ist über die alte Hansestadt Rostock geschrieben worden, vor allem über die fast 800-jährige Geschichte. Die Fakten und historischen Ereignisse, wie man sie in den Stadtarchiven findet, sind weit verbreitet und füllen inzwischen ganze Bücherregale.

Was aber auch zur Geschichte gehört, sind Empfindungen, Ansichten und Meinungen, persönlich Erlebtes.
Die Geschichten und Anekdoten, die in diesem Buch erzählt werden, beruhen im Wesentlichen auf eigenem Erleben und den Berichten zahlreicher Zeitzeugen.

Fritz Reuter schrieb 1860, rund 50 Jahre nach der „Franzosenzeit", die Geschichten „Ut de Franzosentied" (aus der Franzosenzeit), die sich über die Zeit von 1806 bis 1812 hinzog, aus seinem ganz persönlichen Blickwinkel.
Ohne sich daran messen zu wollen, wird hier für die Zeit von 1945 bis 1955 in Rostock, auch etwa 50 Jahre später, ebenfalls aus persönlicher Sichtweise berichtet.

Es gibt nicht mehr sehr viel Zeitzeugen, und es werden natürlich immer weniger, die über den Niedergang und den Neubeginn in Rostock aus eigenem Erleben, fern der großen Politik, berichten können.
Deshalb sind Erinnerungen von Rostockern **„ut de Russentied"** (aus der Russenzeit), die damals gerade einmal zehn bis 15 Jahre alt waren, so wichtig, festgehalten zu werden.
Die historischen Fakten sind für die Einordnung notwendig und verblassen gegenüber dem Emotionalen, sie sind in diesem Band nur hier und da ein wichtiges Skelett.

Werner Breuer

Schon vor tausend Jahren: „Russisch" in Rostock
... und 1945 wieder

Sicher ist es nicht, aber es ist sehr wahrscheinlich, dass schon vor etwa 1000 Jahren die Bewohner an der Moskwa sich mit denen an der Warnow verständigen konnten. Die gemeinsame Basis war die altslawische Sprache. Ein kleiner Rückblick muss jetzt sein, denn die slawischen Laute hörte man nicht erst ab 1945 in Rostock.

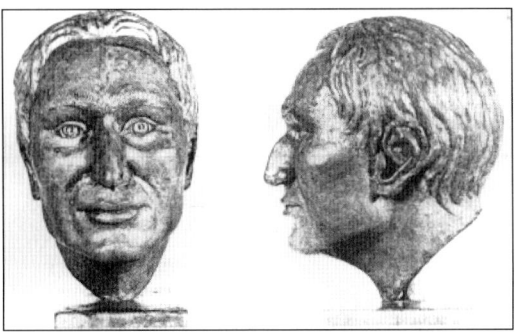

So könnten die Slawisch sprechenden Menschen am Warnowufer ausgesehen haben. Nachbildung eines gefundenen Schädels aus Mecklenburg (Vorlage Dr. H. Ullrich, ZIGA)

Um 800 nach Chr. waren die politischen Grenzen der slawischen Einwanderung im Großen und Ganzen abgeschlossen. In der Warnowgegend wohnten die vier slawischen Stämme Obodriten, Zirsipanen, Kessiner und nicht zuletzt die Warnower.

Helmold von Bosau, 1120 bis 1177, berichtete ausführlich über die Wenden in dieser Gegend und Heinrich der Löwe aus Braunschweig führte 1147 und 1164 zwei Eroberungskriege gegen die Stämme an der Warnow und der Recknitz.

Zu germanisch-gotischer Zeit hieß der Fluss, dem Rostock seine Gründung verdankt, Goderaxa, später Slawisch-Warnow, was soviel wie Krähenfluss bedeutet. Noch heute heißt die Krähe auf Russisch BOPOHA, gesprochen worona.

Zahlreiche Dörfer in der Umgebung von Rostock tragen slawische Namen, wie Kritzmow, Bramow, Biestow oder Kessin.

Rostock selbst verdankt seinen Namen dem Auseinanderfließen der Warnow von etwa 50 Metern auf rund 500 Meter Breite. Im Russischen kennen wir die Vorsilbe PA3, „rass" gesprochen, was soviel wie auseinander bedeutet und TOK ist das russische Wort für Strom, elektrisch gesehen, oder auch eine immer bewegliche, flüssige Masse. Den alten Rostockern mag diese kleine Wortkunde in Zusammenhang mit Rostock in Erinnerung oder geläufig sein.

Die Geschichte schlägt oft Purzelbäume und niemand konnte auch nur ahnen, dass rund tausend Jahre später die slawischen Laute der Eroberer von Rostock in den Mauern wieder zu hören waren.

Nach dem Russeneinmarsch 1945 war die russische Sprache dann in allen Schulen Pflichtfach und sie verschwand im Unterricht bis auf wenige Ausnahmen erst nach der Wende 1989.

Heile Welt und Gräueltaten
... Mit Mogelei ins Hansa-Theater

Eines der schönsten Kinos in **Rostock** war das von den vielen Bombenangriffen verschont gebliebene **Hansa-Theater, Ecke Waldemarstraße/Maßmannstraße**. Hier liefen vor Kriegsende die Filme mit der singenden Lale Andersen, der tanzenden Marika Rökk und der pfeifenden Ilse Werner. Jeder kannte die Schauspieler Hans Albers, Heinz Rühmann oder die schöne Zarah Leander. Man hat die zahlreichen Liebes- und Revuefilme dieser Zeit noch fest im Gedächtnis. Unterschwellig waren die Filme natürlich Goebbels'sche Propaganda und Psychologie. Sie sollten schlichtweg von den schweren Zeiten ablenken.

Marika Rökk in „Heile-Welt-Filmen"

Einige **Rostocker Kinder** und Jugendliche umgingen mit Geschick die HJ-Kontrollen. Weil viele Filme erst ab zwölf oder 16 Jahren zugelassen waren, versuchten die Jüngeren älter zu wirken, und bewegten sich mit selbstbewusstem Gesichtsausdruck durch die Kontrollen.
Mitunter wurde man erwischt. Das führte aber auch nur zu einem Verweis aus dem Kino. Beim nächsten Film begann die Mogelei von Neuem.

Bilder aus der Wochenschau: ermordete Einwohner von Nemmersdorf (Vorlage Herkules Verlag)

Die obligatorische Wochenschau mit den markigen, schnell gesprochenen Sätzen gehörte als Vorspann zu jedem Film. Die Bilder aus Nemmersdorf und weitere Gräueltaten der Roten Armee, die sich in Ostpreußen, Pommern und Schlesien abspielten, erlebten die jungen Leute damals im Kino, was natürlich der Nazipropaganda gerade recht kam.

So zeigten sich die „Sieger" von 1942, drei Jahre später sahen die „Sieger" anders aus (Vorlage Elisabeth Siebers)

Hinzu kamen die Propagandaplakate an den Litfaßsäulen und in den Schaufenstern. Ein Russe mit schrecklicher Fratze, im Militärmantel und mit Ohrenklappen an der Mütze war darauf abgebildet. Die Mütze war oben zu einem Pickel ausgeformt und hatte vorn einen roten Sowjetstern, eine Kopfbedeckung, wie man sie aus der russischen Revolutionszeit kannte. Diese Schreckgestalt hatte eine Nagaika (Lederpeitsche ohne Stiel) in der Hand, und trieb eine endlose Menschenschlange durch eine trostlose

Schneelandschaft gegen den Horizont. So würde es den Deutschen ergehen, war die Aussage der Plakate ... falls man nicht fanatisch für den Endsieg kämpfte.

„Kohlenklau", eine düstere Gestalt. Oder Vorahnung? (Vorlage: Hans Sinner)

Die schwarzen Bilder vom „Kohlenklau", die zum Energiesparen aufriefen, und die „Feind hört mit"-Plakate zur Abwehr von Spionage, trugen weiterhin zur angstbesetzten Stimmung bei.

Hoffnung auf den Endsieg geschürt
... Panzersperren hinter der Gartenstadt

Große Teile der Bevölkerung glaubten damals in den letzten Zügen des Krieges nach wie vor an den Endsieg.
Da waren die vielen angekündigten Wunderwaffen, die Nachricht vom ersten Düsenbomber der Welt, der von feindlichen Flugzeugen angeblich nicht eingeholt werden konnte. Damit meinte man das Düsenflugzeug vom Typ Arado 234. Die **Rüstungsfirma Arado** hatte in **Rostock** am **Breitling** eine große Flugzeugwerft.
Und dann waren da die vielen Gespräche, die Kinder und Jugendliche von den Erwachsenen aufschnappten. Zeit hatte man ja genug, denn im April 1945 hatten die unteren Klassen schon längst keine Schule mehr. Mysteriöse Geschichten von Wahrsagern und Propheten waren im Umlauf, an denen sich die Menschen hochrankten und versuchten, Hoffnung zu schöpfen. Unter einem Brunnenstein hatte man angeblich einen vergilbten Zettel gefunden. Danach sollte im April ein großes Ereignis stattfinden und das hieß selbstverständlich nichts anderes, als dass Deutschland siegen würde.
Filme über die vielen Schlachten des Alten Fritz und über seinen eisernen Willen sollten den Widerstandswillen stärken. Kunersdorf wurde beschworen und dann auch der für Preußen „glückliche" Tod der russischen Zarin Elisabeth.
In diese Zeit fällt dann auch der Tod des amerikanischen Präsidenten Franklin D. Roosevelt am 12. April 1945. Nun war alles klar, die **Rostocker** wurden durch ein Flugblatt darüber informiert. Selbstverständlich wurde der Zusammenhang zwischen der Zarin, dem Alten Fritz, Hitler und dem Endsieg hergestellt.

So vergingen die wetterwendigen Apriltage. Die Kinder spielten Mutter, Vater, Kind oder hockten in den Häusernischen und plapperten das nach, was sie von den Erwachsenen aufgeschnappt hatten.

Der Polizist ging pflichtbewusst um den Häuserblock, um die **Verdunkelung** zu kontrollieren. Hin und wieder klingelte er an den Wohnungstüren und monierte einen Lichtspalt an den schwarzen Rollos. Mit einem kleinen in der Laibung angebrachten Holzstückchen musste dann der Spalt geschlossen werden.

Plakat-Aufruf zur Verdunkelung
(Vorlage Herkules Verlag)

Die Bevölkerung und die so genannten Fremdarbeiter wurden zu Schanzarbeiten für die Panzersperren eingesetzt. Breit und tief waren die Gräben. In V-Form ausgehoben, sollten sie nun die anrückenden Russen aufhalten. Die Panzersperren wurden gerade im **Westen Rostocks,** heute unverständlich, hinter der **Gartenstadt** in Richtung **Groß Schwaß** aufgebaut, wo die Wehrmacht ein riesiges **Übungsgelände** hatte.

Lieder schallten durch Rostocks Straßen
... Ungarn verteidigen Deutschland

Aus der **Ulmenkaserne** marschierten die Wehrmachtssoldaten und der Volkssturm mit Panzerfäusten auf den Schultern zum Übungsgelände hinter der **Gartenstadt**. Ein lautes Lied brach sich an den Häuserwänden, an denen auf riesigen weißen Pfeilen und in großen Buchstaben Sammelstellen angegeben waren. Hier sollten sich die Ausgebombten nach den Luftangriffen einfinden.

Soldaten der Wehrmacht (Vorlage Herkules Verlag)

NS-Marschlied, marschieren bis in den Untergang (Vorlage Dietrich Klose)

Das „Heideröslein" und der „Westerwald" erschallten, aber auch das folgende menschenverachtende Lied, das manchem noch heute in den Ohren klingt, konnte man in Rostocks Straßen bis zum Schluss hören:

> *Es zittern die morschen Knochen*
> *der Welt vor dem großen Krieg*
> *wir haben den Schrecken gebrochen*
> *für uns war es ein großer Sieg.*
> *Wir werden weiter marschieren*
> *wenn alles in Scherben fällt,*
> *denn heute hört (gehört), uns Deutschland*
> *und morgen die ganze Welt.*

Bald sollten jedoch schon russische Lieder durch die Straßen hallen!

Am 28. April 1945 wird dann noch der Generaloberst Gotthard Heinrici durch den Generaloberst Kurt Student, den letzten Verteidiger von Mecklenburg, ersetzt – immer noch hofften viele auf den Endsieg.

Und noch etwas konnte man in jenen Apriltagen des Jahres 1945 beobachten: Die Ungarn waren nicht nur 955 nach Chr. am Lech, nein, sie waren auch 1945 an der Warnow – diesmal, um Deutschland zu verteidigen, während ihre Heimat schon längst von den Russen erobert war.

Die Ungarn fielen durch ihre braunen Uniformen auf, mit mehreren aufgestickten Kordeln auf der Brust. Es waren Soldaten und Offiziere des Ferenc-

Die stolze Hansestadt, ein Scherbenhaufen! Innenstadt mit Blick auf die
Speicher an der Warnow
(Vorlage Archiv der Hansestadt Rostock Inv. Nr. 4087)

Szálasi-Regimes und wenn sie marschierten, dann schrie der Unteroffizier egy, kettö, három, egy, kettö, három – eins, zwei, drei, eins, zwei, drei. Die Kinder in den Straßen Rostocks merkten sich das natürlich sofort und schrien begeistert mit, wenn der ungewohnte Marschspruch erschallte. Gelegentlich wechselte der Spruch auch zu: bal, jobb, bal, jobb, was bedeutet links, rechts, links, rechts.

„Organisieren" oder „plündern"
... das war hier die Frage

Es verbreitete sich wie ein Lauffeuer: Die Ulmenkaserne und die MG-Kaserne sind von deutschen und den dort ebenfalls untergebrachten ungarischen Soldaten geräumt. Partei und Polizei hatten sich aufgelöst, eine Ordnungsmacht war nicht mehr vorhanden und ebenso auch weit und breit keine Menschen in Uniform.

Vereinzelt wurden in der Stadt Geschäfte geplündert. Man konzentrierte sich aber auf die Kasernen und Versorgungslager, denn da gab es genug zu holen. Es war wohl das, was man „organisieren" nennt, aber plündern ist nun mal plündern. Noch kurze Zeit davor wurde diese Art von Beschaffung, insbesondere das Plündern von bombengeschädigten Häusern und Wohnungen, mit dem Tode bestraft, und es gibt viele Beispiele, wo die Todesstrafe auch vollstreckt wurde.

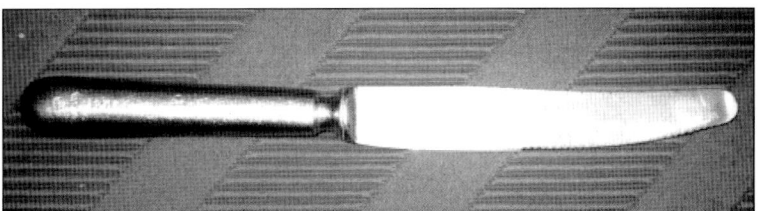

Messer mit Hoheitszeichen und Gravur F. W. W. 41 als Relikt aus den Plündertagen (Vorlage Hans Sinner)

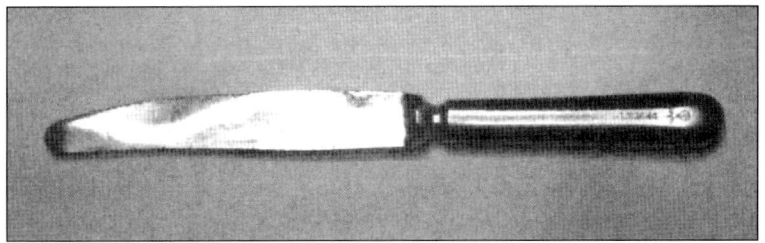

Jetzt wurde jedenfalls alles mitgenommen, was nicht niet- und nagelfest war. An der Ecke **Ulmenstraße/Gewettstraße** befand sich die große **zentrale Küche** der **Kaserne** und sie war das bevorzugte Ziel. Hier gab es Erbsen, Bohnen, Zucker, Butter, Schmalz und sogar jede Menge Brot. Was man gerade tragen konnte, ging mit.

Mit dem Sichern und Verstauen hatte man in den nächsten Stunden und Tagen erst mal zu tun. Das Brot wurde an der Luft getrocknet, bis es hart wie Stein wurde, dafür hielt es sich aber auch mehrere Wochen. Die Butter stampfte man in Weckgläser, Glasgefäße, und übergoss die Oberfläche mit einer Salzlake. Bis in den Sommer hinein konnte so manche Familie bei sparsamem Gebrauch den Fettbedarf leidlich sichern.

Als nichts mehr an Lebensmitteln in der zentralen Küche zu holen war, ging es in die **Kantine** und in den **Speisesaal**. Hier waren die Wände ausgeschmückt mit „Soldatengemälden": Landser mit blonden, knackigen Mädchen auf dem Schoß, einen Becher oder ein Glas in der Hand. Daneben auch martialische Kampfszenen. In diesen Räumen blieb natürlich auch nichts liegen. Geschirr, Bestecke und sonstige Gegenstände wurden mitgenommen. Danach sah es dort ziemlich wild aus.

In den großen Speichern am **Hafen in Rostock** und in den **Speichern** vor den Toren der Stadt, in Groß Schwaß, werden sich ähnliche „Beschaffungsvorgänge" abgespielt haben. Die **Speicher in Groß Schwaß** waren die typischen Vorratslager jener Zeit, auch in der bekannten Bauweise, wie sie in fast allen Großstädten zu finden waren.

Die Russen sind da!
... HJ kämpft am Weißen Kreuz um „Endsieg"

Zunächst herrschte gespenstische Ruhe in Rostock, niemand traute sich auf die Straßen hinaus; zu schrecklich waren die Bilder und Berichte aus Ostpreußen, Schlesien und Pommern.

Die Haustüren der Mietshäuser wurden, so gut es ging, durch Balken, Bretter und Riegel verrammelt und so wartete man fatalistisch auf das nunmehr Unvermeidliche. Stunden der Spannung vergingen, es geschah nichts. Auch das vorsichtige Hinausschauen aus den Fenstern hinter den Gardinen ergab nichts Neues.

Schon 10-Jährige wurden in der Hitlerjugend auf den „Endsieg" eingeschworen

HJ-Junge: Viele glaubten bis zum bitteren Ende an ihren Führer

Es war um die Mittagszeit des 1. Mai 1945, dem höchsten Feiertag in der ehemaligen Sowjetunion, da näherten sich von Osten her russische Panzertruppen der Stadt. Eine Gruppe von Hitlerjungen versuchte am **Weißen Kreuz** den Endsieg mit Panzerfäusten doch noch zu erzwingen. Von einem Polizeioffizier wurde die schmale **Mühlendamm-Brücke**, dort, wo die Warnow noch nicht verbreitert ist, gesprengt. Die Russen eröffneten daraufhin aus Panzerkanonen das Feuer auf Rostock, bis die Panzerkolonnen die Straße über den Verbindungsweg zur **Petribrücke** gefunden hatten. Der mutige Feuerwehrmann **Karl Lübbe** (1903–1990) verhinderte dort die vorbereitete Sprengung.

Die Granaten erreichten hauptsächlich die Umgebung der **Alexandrienenstraße**, die heutige Blücherstraße. Wahrscheinlich wollte man den hohen, weit sichtbaren **Wasserturm** treffen. So wurde zum Beispiel der gesamte Dachstuhl der **Alexandrienenstraße 56** weggerissen, samt einem Balkon. Auch die Wohnung der dort wohnenden **Familie Grampp** wurde völlig zerstört. Dieses Haus an der **Ecke zur Lessingstraße** war dann noch jahrelang mit einem Notdach aus Dachpappe versehen, die Balkone wurden in späterer Zeit wegen Baufälligkeit völlig abgerissen. Das berichtete der

Rostocker Zeitzeuge **Klaus Fytterer**. Ohne diesen sinnlosen Widerstand am Mühlendamm wäre die Seestadt Rostock wahrscheinlich kampflos besetzt worden. Und noch etwas war Ursache für den kurzen Beschuss durch die Rote Armee: Der damalige Oberbürgermeister Walter Volgmann kam aus der Stadt nicht mehr raus, er vergiftete sich später. Und der damalige Stadtkommandant, ein Reserveoffizier, konnte sich trotz des nahen Endes nicht entschließen, die weiße Fahne zu hissen.

Die Panzer, die berühmt-berüchtigten T 34, rasselten durch die Stadt, mit aufgesessener Infanterie, kamen zum **Brink** und nahmen dann zum Teil merkwürdigerweise die Strecke über den **Barnstorfer Weg** in die **Waldemarstraße** und dann zur **Lübecker Straße** in Richtung Westen.
Von der **Parallelstraße zur Waldemarstraße**, zu der Ulmenstraße, konnte man in Richtung Warnow die Stahlkolosse aus sicherer Entfernung gut beobachten. Wohl ungeübt in engen Straßen, fuhren die russischen Panzerfahrer viele Straßenbäume um, die in den folgenden Tagen von den Anwohnern für den Eigenbedarf schnell zersägt wurden.

Und was geschah sonst noch an jenem denkwürdigen Maitag?
1. Mai 1945, 15.18 Uhr: Großadmiral Dönitz erhält in Flensburg ein Telegramm Bormanns über den Tod Adolf Hitlers. Dönitz spricht in einer Rundfunkansprache um 22.30 Uhr über den Sender Hamburg über Hitlers Tod.
Im sowjetischen Nachrichtendienst heißt es am folgenden Tag, dass Rostock gefallen ist:
Moskau, 2. Mai:
Marschall Stalin gibt in einem Tagesbefehl bekannt, dass die Armee Rokossowski den **großen Hafen Rostock** an der baltischen Küste, gegenüber Südschweden, eingenommen hat.

Rote Armee 1945 in Mecklenburg

Im April 1945 stand die Rote Armee (erst in den fünfziger Jahren wurde die Rote Armee in Sowjetarmee umbenannt) an der Oder und rüstete sich für einen letzten Angriff auf Berlin und Mecklenburg.

Südlich von Schwedt und gegenüber den Seelower Höhen standen die 1. Bjelorussische Front und nördlich davon die 2. Bjelorussische Front unter Marschall der Sowjetunion Konstantin Konstantinowitsch Rokossowski.

Am 16. April erfolgte, nach dem größten Artillerieeinsatz des Zweiten Weltkrieges, der Großangriff auf die deutschen Stellungen in Richtung Berlin. Am 20. April tritt die 2. Weißrussische Front mit vier Armeen und Panzerverbänden zur Eroberung Mecklenburgs an. Die 3. Panzerarmee unter General der Panzertruppen von Manteuffel wird bei Prenzlau geschlagen und Generaloberst Heinrici, als Oberbefehlshaber der Heeresgruppe Weichsel, wird für die letzten Tage des Krieges durch Generaloberst Kurt Student ersetzt.

Befehlshaber in Mecklenburg: Der deutsche **Gotthard Heinrici** *wurde von* **Kurt Student** *ersetzt.*
Konstantin Rokossowski *war Militärbefehlshaber der Roten Armee*

Die Spur der Roten Armee in den Dörfern und kleinen Städten Mecklenburgs war gekennzeichnet durch Gräueltaten und Übergriffe auf die Zivilbevölkerung. Obwohl gerade Rokossowski versuchte, die Disziplin unter den Rotarmisten wieder herzustellen, wohl auch auf Befehl Stalins, um die Bevölkerung nach dem Sieg für die Ideen des Kommunismus zu gewinnen. Rokossowski verbot Plünderungen und Raub, Vergewaltigung und Mord an der Zivilbevölkerung.

Die Offiziere waren gehalten, Verstöße gegen diesen Befehl sofort durch standrechtliches Erschießen zu ahnden. Wie leider bekannt, haperte es jedoch oft genug an der Umsetzung.

Am Vormittag des 1. Mai erreichten die Spitzen der 2. Weißrussischen

Front, der 65. Armee unter Generaloberst Batow, mit dem III. russischen Garde-Panzercorps von Sanitz, Broderdorf und Neu Roggentin kommend die heutige **Bundesstraße 110**, den östlichen **Stadtrand von Rostock**. Befehlshaber war der Gardekapitän Semjon Michailowitsch Dmitrewski. Der erste Kommandant in Rostock war Major Grommow, der noch zu den Kampftruppen gehörte. Er wurde ein paar Tage später durch den 1. Stadtkommandanten Oberst Prjadko ersetzt.

Die Heeresgruppe Weichsel erhielt am 4. April, als nun für Nazi-Deutschland endgültig alles verloren war, die Möglichkeit, sich nach Westen abzusetzen und ging in britische Gefangenschaft.

Angst und Hoffnung
... Panjewagen in den Straßen

Die Würfel waren gefallen und es war klar, dass von der alten Ordnung keine Gefahr mehr ausging, das Hissen einer weißen Fahne wäre wenige Stunden vorher noch mit dem Tode bestraft worden. Es waren schwierige Tage, was aus heutiger Sicht kaum noch vorstellbar ist und vermutlich nur durch eigenes Erleben nach über 60 Jahren noch nachvollzogen werden kann.

Was würde nun werden? Neue Ängste kamen auf. Man war auf das Schlimmste gefasst.

In den ersten Maitagen des Jahres 1945 schien die Sonne in voller Pracht, und das Leben spielte sich weit gehend in den geschlossenen **Innenhöfen** der Stadt ab. In den folgenden Tagen versuchten Rotarmisten oft durch die Haustüren einzudringen. In den meisten Fällen gelang es jedoch nicht.

Die Zeit der relativen Ruhe nach Durchzug der Kampftruppen war aber bald vorbei. Panzer wurden in der darauf folgenden Zeit in Rostock nicht wieder gesehen. Geräuschvoll rückte der Tross der Besatzungstruppen mit Militärlastwagen und ein paar angehängten Geschützen nach, und zur Überraschung der Rostocker kamen sie auch mit Pferdewagen, den so genannten **Panjewagen**. Das waren leichte Wagen mit einem flachen Kastenaufbau und einem oder zwei Pferden. Auf dem Querbrett vorn saßen ein oder zwei Rotarmisten.

Welch ein Gegensatz zur mechanisierten deutschen Wehrmacht oder der hochgerüsteten roten Panzertruppe. Doch das ist eben Russland, wie man es auch heute noch findet, einfachste Lebensart und Hochtechnologie für Weltraum- und Atomtechnik nebeneinander.

Am 2. Mai ratterte ein Flugzeug mit großen roten Sternen unter den Tragflächen und warf Flugblätter ab. Es waren kleine Papierblätter, auf denen die Einwohner von Rostock zur Ruhe und Besonnenheit aufgerufen wurden. Der Krieg sei gegen die Faschisten geführt worden und nicht gegen

So ein Flugzeug war es, das mit dem Abwurf von Flugblättern den ersten offiziellen Kontakt zu den Rostockern herstellte (Vorlage Jakowlew)

das deutsche Volk. Das sowjetische Volk würde dem deutschen Volk beim Aufbau eines antifaschistischen demokratischen Deutschlands helfen.

Diese erste Mitteilung der Russen an die Bevölkerung verfehlte seine Wirkung nicht. So schlimm konnte es also nicht werden.

Verwunderlich war es für viele, dass „diese Russen", es waren ja nach der bisherigen Vorstellung primitive Untermenschen, überhaupt Flugzeuge hatten.

Totenhäuser von Rostock
... Selbst ihre Kinder nahmen sie mit in den Tod

Hitler und die Familie Goebbels mit ihren sechs Kindern machte es in Berlin vor.

Auch in Rostock wiederholten sich diese Tragödien. Der NS-Oberbürgermeister, Walter Volgmann, starb mit seiner Familie vergiftet im Barnstorfer Wald. Den Bürgermeister Dr. Robert Grabow fand man mit seiner Frau tot in seiner Wohnung und der Erste Stadtrat Zeitz brachte seine Frau und seine vier Kinder ebenfalls um. Die Familie wurde auf dem Friedhof in Graal Müritz begraben.

In den **Rostocker Straßen** sah man nach den Tagen des russischen Einmarsches überall große Handkarren, auf die man Leichen legte, die aus den Wohnungen geholt wurden. Viele Familien folgten ihren unseligen Vorbildern in den Tod. Noch Monate danach machten die Schulkinder einen großen Bogen um die so genannten „Totenhäuser" und wechselten zumindest die Straßenseite, wenn der Weg sie an den Häusern vorbeiführte.

Die Toten wurden auf dem **Alten Friedhof** am Rande, in der Nähe der **Eisenbahnschienen nach Warnemünde**, begraben.

Ins Lager? Oder doch nach Sibirien?
... Rostocker Professor baut Raketen

Es war im Mai 1945, auf den Rostocker Straßen war es ruhig. Nur hier und da huschte schnell jemand über die Bürgersteige, als ahnte man das herannahende Unheil. Im Dämmerlicht des einbrechenden Abends donnerten Kolbenschläge der russischen Maschinenpistolen gegen die verrammelten Haustüren. Rotarmisten und der NKWD gemeinsam mit einigen deutschen Zivilisten holten Männer aus den Wohnungen und stießen sie auf die offenen Ladeflächen der Militärlastwagen. Dicht gedrängt standen sie darauf, so wie sie waren, im Pullover, Hemd oder Jacke. So wurden sie abtransportiert. Hinter den Fensterscheiben schauten die Menschen dem Treiben verstohlen zu. Und dann war sie wieder da, die Angst, die Angst vor den Russen. Deportiert wurden Männer, die offiziell zum NS-Regime gehörten, auch einige Heinkelmitarbeiter. Abtransportiert wurde auch jener Polizist, der wenige Tage zuvor noch um den Häuserblock ging und nach der ordnungsgemäßen Verdunklung schaute.

Das Gerücht ging um, dass sie alle nach Neubrandenburg, nach Fünfeichen, in ein Lager gebracht wurden. Die meisten dieser Männer, verladen auf den russischen ZIS oder den amerikanischen Studebakers (die Amerikaner unterstützten die Rote Armee mit der Zurverfügungstellung dieser Fahrzeuge), verschwanden ohne Benachrichtigung der Angehörigen und kehrten nie wieder zurück.

Ein Jahr später, im Oktober 1946, lief von der sowjetischen Besatzungsmacht die Operation „Ossakim", bei der nach heutigen Schätzungen etwa 3500 deutsche Führungskräfte aus der Sowjetischen Besatzungszone verschleppt wurden.

Kein Vergleich zu der Aktion in den ersten Maitagen des Jahres 1945. Alles lief „glimpflich" ab. Wie die Amerikaner verfrachteten jetzt auch die Russen „ihre" Raketenspezialisten in die eigenen Forschungszentren und der Kalte Krieg nahm seinen Lauf.

Professor Dr. Alfred Klose 1949
(Vorlage Dietrich Klose)

19

Unter den Wissenschaftlern war auch der **Rostocker Professor Dr. Alfred Klose**. Ein Lastwagen mit russischen Soldaten fuhr vor und innerhalb weniger Stunden wurde der gesamte Hausrat der Familie Klose von Rotarmisten in Kisten verpackt und auf die Lastwagen verladen. Auch die Ehefrau, Doris Klose, musste mit. „Man konnte sich kaum von den Nachbarn verabschieden", so ein Betroffener. Die Nacht-und-Nebel-Aktion endete auf der Insel Gorodomlia, im Seliger See gelegen, nahe der Stadt Ostaschkow, etwa 300 km nordöstlich von Moskau, 100 km von Rshew. Dort war ein Teil der deutschen Spezialisten interniert und musste für das sowjetische Raketenprogramm arbeiten.

Erst im Juni 1952 kommt **Professor Dr. Alfred Klose** nach Deutschland zurück und wird Direktor des Mathematischen Instituts der **Universität Rostock**. Er wird außerdem mit dem Aufbau der Fakultät für Luftfahrtwesen betraut. Die Luftfahrttechnik wird später von der DDR, sowohl in Dresden, als auch in **Rostock**, eingestellt und allein der Sowjetunion überlassen.

Freundliche Russen
... Brot und Grützebrei für die Kinder

Die Russen bezogen die Ulmenkaserne und die MG-Kasernen und richteten sich dort ein. In dem roten Backsteingebäude in der Hundertmännerstraße etablierte sich die erste Stadtkommandantur.

Bald erschienen die russischen Soldaten zum Exerzieren auf **Rostocks Straßen.**

Und wieder hören die Rostocker schreiende Unteroffiziere oder Sergeanten – ihre Marschhinweise diesmal auf Russisch: raß, dwa, tri, ..., raß, dwa, tri. Marschiert wurde im Gänsemarsch. Wir Deutschen hatten uns erst einmal an die erdbraunen Gestalten und an die merkwürdigen Uniformen zu gewöhnen, an die Käppis und an die Sommerblusen mit dem Koppelschloss darüber. Die Offiziere trugen sonderbare Mützen und ungewohnte breite Schulterklappen. Zur erdfarbenen Bluse gehörte eine blaue Hose. Die Gesichter waren offen und freundlich. Das ist vielleicht an anderen Orten nicht immer so gewesen, aber für Rostock kann der Chronist nichts anderes erzählen. Über die negativen Erscheinungen andernorts wird jedoch noch zu berichten sein.

Die Russen in Rostock galten als außerordentlich kinderfreundlich. So entstanden die ersten Kontakte zwischen Bevölkerung und Rotarmisten. Manch eine Scheibe Brot wechselte den Besitzer. Es war nicht das gewohnte deutsche Kommissbrot, sondern ein dunkles, etwas feuchtes Kastenbrot, das sehr schmackhaft war. Mit Wiederinbetriebnahme der Kasernenküche gab es aus dem Fenster oft genug eine Kelle Kascha, den typischen **russi-**

Die sowjetischen Sieger 1945: Konjew, Tolbuchin, Wassilewski, Malinowski,
Schukow, Goworow, Rokossowski (Mecklenburg, Rostock), Jeremenko, Merezkow
und Bagramjan (von links nach rechts) (Vorlage Bundesarchiv Koblenz)

Offiziell gab es Lebensmittel
nur auf Lebensmittelkarten
(Vorlage Stadtarchiv der
Hansestadt Rostock)

schen Grützebrei. Bald wurden auch die deutschen Bäckereien von den Russen zum Brotbacken genutzt und beim Mehlabladen platzte, ob nun absichtlich oder durch das Abwerfen bedingt, so mancher Mehlsack. Der Inhalt, auf dem Straßenpflaster verteilt, wurde mit den Händen aufgenommen und in Tüten und Beutel verpackt, stolz nachhause getragen.

Überhaupt gab es in den ersten Monaten zwischen Russen und Deutschen vielfältige Kontakte. Mannschaften und Offiziere traf man oft in den Straßen. Später war das nicht mehr so. Persönliche Kontakte mit der Bevölkerung gab es später nur noch selten.

Brutalität und Menschlichkeit
... Die einen töten, die anderen helfen

Schreckliche Verbrechen sind von Deutschen in der Sowjetunion begangen worden. Hass hat Hass erzeugt. Mit dem Überschreiten der deutschen Grenzen durch die Rote Armee kam der Zeitpunkt der Rache, angestachelt durch einen Tagesbefehl Stalins: „Tötet das faschistische Tier in seiner Höhle."

Insbesondere aber der Schriftsteller Ilja Ehrenburg kannte in seinem Deutschenhass keine Grenzen: „Übt Gewalt und brecht den Rassenstolz der deutschen Frauen, nehmt sie als unsere rechtmäßige Beute, tötet, wenn ihr vorwärts stürmt, tötet, ihr ruhmreichen Soldaten der Roten Armee."

Was konnte man nach den Verbrechen der Deutschen in Russland und dann auch noch nach solchen Hasstiraden erwarten?

Die daraus folgenden Exzesse der aufgeputschten Rotarmisten waren die Folge und sind aus den Geschehnissen in Ostdeutschland bekannt. So einfach wurde die Sowjetführung die Geister, die sie gerufen hatte, leider nicht wieder los.

Der russische Literaturnobelpreisträger und Stalinopfer Alexander Solschenizyn schreibt dazu eindrucksvoll im Gegensatz zu Ilja Ehrenburg:

> *„Durch die Wand gedämpft ein Stöhnen:*
> *Lebend finde ich noch die Mutter.*
> *Waren es viel auf dem Bett?*
> *Eine Kompanie? Ein Zug? Was macht es!*
> *Tochter, Kind noch, gleich getötet.*
> *Alles schlicht nach der Parole:*
> *Nicht vergessen! Nichts verzeihen!*
> *Blut für Blut! Und Zahn für Zahn!*
> *Wer noch Jungfrau, wird zum Weibe,*
> *und die Weiber Leichen bald."*

Selbst wenn die **Stadt Rostock** von Ausschreitungen, Einzelfälle ausgenommen, verschont blieb, gab es doch in der Umgebung Rostocks genügend Beispiele dafür, dass die Hasswelle noch nicht abgeebbt war.

Der kurze Auszug aus einem Bericht der Rostockerin **Elisabeth Siebers** macht das damalige Grauen deutlich. Nazipropaganda und tatsächliche Gräueltaten der Russen beim Einmarsch taten ihr Übriges.

Sie war damals neun Jahre alt. Brutalität und Menschlichkeit stehen hier dicht beieinander.

„Der 1. Mai 1945 war ein sehr schöner, sonniger Tag. Mein Bruder, unser achtjähriger Cousin und ich saßen auf der Hoftreppe. Das Geschützfeuer

Elisabeth Siebers, zwei Jahre nach den schrecklichen Ereignissen: Von Russen fast in den Tod getrieben, von einem russischen Arzt ins Leben zurückgeholt (Vorlage Elisabeth Siebers)

kam immer näher. Wir Kinder wurden schnell ins Haus geholt und warm angezogen. Alle begaben sich in den Keller.

Dann ging alles sehr schnell. Unser Haus stand mitten im Kampfgetümmel. Es muss am frühen Nachmittag gewesen sein, als sowjetische Kampftruppen unser Haus stürmten. Meinen Onkel holten sie sofort, weil er angeblich eine Brücke gesprengt haben sollte. Wir dachten alle, man wolle ihn erschießen. Er überlebte aber diese gefährliche Situation.
Plötzlich stand ein Rotarmist mit einer Pistole in der Hand oben auf der Kellertreppe und wollte meine Mutter holen. Wozu, war klar.
Mein Bruder und ich bekamen von einem anderen Russen Schläge, weil wir unsere Mutter festhielten und schrien. Mutter befand sich in einem Zustand panischer Angst, völlig außer sich.
Woher sie plötzlich eine Rasierklinge hatte, weiß ich nicht mehr. Jedenfalls schnitt sie uns in ihrer Panik die Pulsadern auf. Es war ein furchtbares Chaos.
Der Russe kam und setzte ihr die Pistole auf die Brust. Wir schrien fürchterlich und hielten unsere Arme so hin, dass der Russe von oben bis unten mit Blut bespritzt wurde. Er trat vor Schreck zurück und floh aus dem Keller.
Meine Tante – ebenfalls panisch vor Angst – hatte sich und meiner Cousine ebenfalls die Pulsadern aufgeschnitten. Sie waren nicht mehr zu retten.
Mein Onkel musste später im Vorgarten Gräber ausheben, weil einige Russen bei den Kämpfen umgekommen waren. In den Betten im Schlafzimmer lagen ebenfalls verwundete Russen.

Ich weiß nicht mehr, wie lange wir im Keller gelegen hatten, denn unsere Uhren nahmen uns die Russen als Erstes weg. Meine Mutter meinte später, dass es etwa eineinhalb Stunden gewesen sein müssen.
Plötzlich wurden wir unsanft an den Armen gepackt. Es war ein russischer Arzt, mit einem Dolmetscher. Er suchte und versorgte eigentlich nur

russische Verwundete, aber er versorgte auch uns. Die dicke Kleidung in dem kalten Keller hatte unsern Blutfluss wohl verlangsamt, jedenfalls wurden wir verbunden. Der Arzt meinte, wir müssten sofort hier raus, „seine Russen" wären teilweise betrunken und von daher unberechenbar.
Im Morgengrauen gingen wir in Richtung Stadt. Offensichtlich weil wir einen hellgrünen sichtbaren Verband trugen und völlig blutverschmiert waren, ließen uns die Russen in Ruhe. Unser Hausarzt sagte später, die Soldaten hätten den russischen hellgrünen Verband wohl erkannt, und von daher ließen sie vermutlich von uns ab."

Elisabeth Siebers kam Ende 1945 mit ihrer Familie in die Westzone und lebt heute in Wolfsburg.

Eine Sprechstundenhilfe bei einem Rostocker Arzt berichtete folgende Begebenheit:
Ihre Eltern besaßen eine Apfelplantage außerhalb Rostocks, die immer wieder von russischen Soldaten zum Plündern aufgesucht wurde und zwar zu einer Zeit, als das Plündern schon verboten war. Der Vater beschwerte sich bei der Kommandantur. Als die Russen wieder einmal in den Bäumen saßen, erschienen plötzlich zwei russische Offiziere und nahmen die Soldaten mit. Es wird erzählt, dass die Soldaten wegen der Äpfeldiebstähle erschossen wurden. Sicher war das so nicht von dem deutschen Plantagenbesitzer gewollt.
Der Bericht deckt sich allerdings mit einem Befehl des Marschalls Rokossowski. Danach fackelte die russische Militäradministration oft nicht lange. Das „Kriegsgericht" bestand eben nur aus zwei Offizieren.

Das Dorf Retwisch
... zum Plündern freigegeben

Plündern, das hieß Hausrat, Kleider und Wäsche wegnehmen. Und genau das geschah in den Kriegen immer wieder.
Auch in dem kleinen Dorf **Retwisch**, etwa acht Kilometer von **Rostock-Lichtenhagen** entfernt, machten die Russen vom alten Kriegsrecht Gebrauch. Glück im Unglück hatten die Dorfbewohner: Es gab keine wilden Exzesse, sondern es war eine „ordnungemäße" Plünderung. So berichtete Frau **Irmgard Fuchs**.
Die Familie, drei Frauen und zwei kleine Mädchen, waren zuvor mit zwei Pferden und einem Planwagen aus Westpreußen nach Retwisch gekommen und wurden beim **Bauern Schwark** einquartiert.
Das kleine Dorf wurde am 2. Mai 1945 von sowjetischer Infanterie besetzt. Dann kam der Befehl, dass alle Dorfbewohner den Ort für drei Tage

zu verlassen hätten, weil das Dorf für diese Zeit den russischen Soldaten zur Plünderung freigegeben werden sollte. Vielleicht auch die Folge von Marschall Rokossowskis Tagesbefehl, die Besetzung in geordnete Bahnen zu lenken. Jedenfalls mussten alle Zivilisten aus Retwisch zunächst das Dorf verlassen. Wer Verwandte in der Umgebung hatte, ging dorthin. Die anderen und die Flüchtlinge aus dem Osten machten sich zu Fuß auf den Weg in das etwa vier Kilometer entfernte **Bad Doberan**. Dort wurden sie für diese Zeit im Rathaus der Stadt untergebracht. Ein großer Raum war mit Stroh für die Nächte hergerichtet. Später ging es zurück nach Retwisch. Die jungen Mädchen und Frauen mussten sich noch tagelang verstecken. Bei der **Familie Fuchs** ist in Erinnerung geblieben, dass plötzlich wieder Russen ins Haus kamen. Sie fanden aber keine Frauen. Aus Wut darüber warfen sie alle eingemachten Kirschgläser auf den Boden, der sich dann rot färbte. Die alte Oma, die stets im Haus blieb, sah den roten Fußboden und war entsetzt. Sie dachte: „Nun sind sie alle ermordet worden."

Dass junge Mädchen und Frauen sich die Haare verklebten und alte Klamotten anzogen, sich also so unattraktiv wie möglich gaben, konnten jene beobachten, die 1945 den Russeneinmarsch erlebt hatten. Aus Kühlungsborn, nahe Rostock, wird eine Geschichte erzählt, die fast unwahrscheinlich anmutet. Man hatte irgendwoher venezianische Masken aufgetrieben. Unter dem Motto je hässlicher, desto besser, setzen einige Mädchen diese Masken auf. Tatsächlich sollen dann einige Rotarmisten die Flucht ergriffen haben.

Rostocker werden gezählt
... Was würden sie wohl mit einem machen?

M ilitäradministrationen geben Befehle und die lassen keinen Spielraum zur Gestaltung. Der sowjetische Stadtkommandant Oberst Prjadko erließ am 5. Mai 1945 den Befehl Nr. 1, der die allgemeine Registrierung der Rostocker Einwohner zur Folge hatte.
Es war wie zu Zeiten des Kaisers Augustus, „als alle Welt sich schätzen ließ". Für die einen bedeutete das mit Sicherheit Lager oder Haft, für die anderen möglicherweise Kriegsgefangenschaft. Für die meisten Frauen mit Kindern zunächst einmal Angst und Ungewissheit. Was würden sie wohl mit einem machen?

Der Befehl des Stadtkommandanten ist in einer Broschüre der Stadt Rostock noch zu DDR-Zeiten als Kleingedrucktes und leider nicht lesbares Faksimile veröffentlicht worden. Der Befehl gibt die Stimmung der damaligen Zeit deutlich wieder. Im Anhang dieses Buches ist er komplett wiedergegeben.

Zu tief saß die Nazizeit noch im Bewusstsein, denn der Übersetzer verwendete noch die Terminologie der vergangenen Tage. Der sowjetische Oberst wird als „Wehrmachtskommandant" bezeichnet. Vielleicht war auch das der Grund, warum man zu DDR-Zeiten den Befehl nicht nachlesen konnte. Neben den vielen Kapiteln über die Meldepflicht der verschiedenen Bevölkerungsgruppen verwundert, warum ausgerechnet auf die Verdunklungs-Verordnung aus dem Vormai noch so viel Wert gelegt wurde. Der Krieg war doch nun vorbei. Aber wen wundert's, in jenen Maitagen ging einiges durcheinander.

Befehl Nr. 1 (siehe Anhang) (Vorlage Archiv der Hansestadt Rostock)

Die frühere Sowjetische Kommandantur an der Hundertmänner-Brücke, wie sie heute aussieht. Die Balkone und die Dachfenster gab es damals noch nicht (Foto: Klaus Fytterer)

Die Kommandantur wurde in dem roten Backsteingebäude in der Hundertmännerstraße eingerichtet. Sie wechselte ein paar Mal den Standort innerhalb der Stadt. Am Ende der „Russenzeit" (1994) war sie dann wieder in der Hundertmännerstraße.
Jeder kam dem Befehl nach, alles andere war zu ungewiss und damit zu gefährlich.

Zur Registrierung aller Rostocker saß damals in der Kommandantur eine uniformierte Russin an einem Holztisch mit mehreren Stempeln und Stempelkissen. Auf die alte NS-Kennkarte kamen dann mehrere Stempel mit Datum, Text und Unterschrift in kyrillischen Buchstaben. Handschriftliche Eintragungen erfolgten nicht in blauer Tinte, sondern, wie es wohl in Russland üblich war, mit lila Tinte. Damit war man dann sozusagen „russifiziert".

Mit Kind und Kegel zur Sammelstelle
... ganz Rostock wird geimpft

In der Nachkriegszeit litten die Menschen unter anderem an drei schrecklichen Krankheiten, die in sehr vielen Fällen zum Tode führten: Tuberkulose, Kinderlähmung und vor allem in den ersten Nachkriegsmonaten unter Typhus. Um die Seuchengefahr in Rostock durch Typhus einzudämmen oder gar zu unterbinden, wurde die gesamte Rostocker Bevölkerung von den Russen geimpft.

Mit Kind und Kegel ging es zu den Sammelstellen. Da stand ein Tisch im Freien, dahinter oder daneben medizinisches Personal, davor eine Ärztin. Ärztinnen waren in der Roten Armee damals schon üblich – für uns Deutsche noch ungewohnt.

In langer Schlange stand man an und wenn man an der Reihe war, gab es einen Stich in den Brustmuskel, ob Erwachsener oder Kind. Gerüchte besagten, dass es immer ein und dieselbe Spritze war bei dieser Massenimpfung.

Auf jeden Fall war der Militärimpfstoff wohl eher für robuste Soldaten geeignet als für zarte Zivilisten und Kinder. Die Folgen in den nächsten Tagen waren fürchterlich. „**Hohes Fieber und Schüttelfrost jagten sich gegenseitig, und an der Einstichstelle bildete sich eine große rote Pustel, die erst nach Wochen abheilte**", so ein Betroffener. Wegen der Nebenwirkungen konnte man ja auch keinen Arzt oder Apotheker befragen. Wie dem auch immer gewesen sein mag, die wenn auch robuste sowjetische Vorgehensweise hat mit Sicherheit vielen Rostockern das Leben gerettet.

Deutsche und Russen in einer Wohnung
... deutsche Freundin im Quartier

In den westlichen Besatzungszonen war der Kontakt mit der deutschen Zivilbevölkerung strengstens verboten, zumindest 1945. Später lockerte sich das. Zum Beispiel in der britischen Rheinarmee gab es eine interne Weisung, mit Deutschen nicht zu sprechen und ihnen auf keinen Fall die Hand zu geben.

Anders in Rostock 1945 und 1946; hier gab es im Gegenteil sogar Einquartierungen, teils durch Beschlagnahmungen, teils konnten sich Einwohner aber auch für eine Einquartierung von russischen Offizieren melden. Wohnen außerhalb der Kasernen durften nämlich nur Offiziere, allerdings auch Offiziere der Baltischen Flotte, die inzwischen in **Rostock** mit Zerstörern und Minenräumern eingetroffen waren. Die Offiziere hatten zum Erstaunen der Deutschen auch „Burschen", wie in der K.- und- K.-Armee, die für bestimmte Besorgungen abgestellt waren. Vielleicht war es in der klassenlosen Gesellschaft auch nicht erlaubt, aber praktiziert wurde es jedenfalls.

Die persönlichen, privaten Begegnungen von Deutschen und Russen in einer Wohnung, wie sie 1945 und 1946 stattfanden, gehören allerdings zu den angenehmen Erinnerungen von damals. In den Jahren danach waren private Kontakte zu Russen undenkbar.

Für die deutschen Familien waren die Einquartierungen oft ein Segen. Viele Wohnungen hatten zwar kein Bad, waren aber schon mit zentraler Etagenheizung ausgestattet, einer sogenannten **Naragheizung**, die mit Koks oder Steinkohle beschickt werden musste. Da die Russen nicht kalt sitzen wollten, war klar, was passierte: Russische Lastwagen kamen voll beladen mit unsortierter Steinkohle vor die Häuser. Soldaten schaufelten das wertvolle Gut auf den Bürgersteig und die Bewohner trugen die Kohle eimerweise in den Keller. Die Kinder fuhren zum Vergnügen auf den offenen Lastwagen mit zum **Hafen**, wo die Kohle angelandet wurde.

Die heutige Ansicht von Häusern, in denen damals hauptsächlich russische Einquartierungen stattfanden (Foto: Klaus Fytterer)

Bei einer Familie wohnte Wasja, ein Kapitan, mit dem deutschen Dienstgrad Hauptmann, der am Familienleben rege teilnahm. Der zehnjährige Sohn der Familie zeigte stolz seine Lesefibel. Aber oh weh, es war ja noch die aus der

Nazizeit. Macht nichts, der Offizier nahm einen Bleistift und schwärzte alle Fahnen und Armbinden von Hitlerjungen, die in der Fibel abgebildet waren. Das Verhältnis war eng und es fiel auch so manche Essensration ab. Wasja legte sehr viel Wert darauf, dass das Kissen auf dem Bett stets einen Knick hatte. Hin und wieder brachte er seine deutsche Freundin mit, die in **Kessin** im Süden von Rostock wohnte.

Ansonsten kamen bei den Marineoffizieren oft die Frauen aus Russland nachgereist und blieben vielfach mehrere Wochen zu Besuch.

Das Zusammenleben von Deutschen und Russen so kurz nach dem Krieg scheint möglicherweise für viele unglaubwürdig, doch es hat sich tatsächlich so abgespielt und steht im krassen Gegensatz zu der befohlenen „Freundschaft" der späteren Jahre.

Glatzen scheren in der Ulmenkaserne
... Bestraft für die Neugier

Vieles versetzte die Rostocker in Erstaunen, was zunächst ungewohnt oder bei ihnen nicht üblich war. Zunächst war da die Grußformel beim Bäcker, beim Kaufmann oder auf der Straße. Nach alter Gewohnheit sagten viele „Heil Hitler" und dachten dabei nicht unbedingt an das Heil des Diktators. Nach Kriegsende galt es, sich diesen Gruß schleunigst abzugewöhnen.

Für einen deutschen Jungen war es 1945 grausam und eine Schande, mit Glatzkopf herumzulaufen, um so frappierender war es, festzustellen, dass die einfachen Rotarmisten unter dem Käppi Glatze trugen oder besser tragen mussten, um der Hygiene zu genügen, zuvorderst die Läuseplage einzudämmen. Nur die Offiziere trugen einen kurzen militärischen Haarschnitt und waren stets sehr stark parfümiert. Man konnte die Russen also nicht nur sehen, sondern auch auf den Rostocker Straßen riechen.

Die **Ulmenkaserne** wurde zu den Bahngleisen hin, die nach **Warnemünde** führten, durch eine Ziegelmauer begrenzt. Sie war nicht allzu hoch, sodass es für die meisten Jungen kein Problem war, sich auf die Mauerkrone zu setzen. Von hieraus wurde dem Treiben auf dem Kasernenhof mit großem Interesse und gehörigem Abstand zugeschaut. Einmal war Frisörstunde: vorn ein Stuhl, der Frisör mit Handschneidemaschine in der Hand, um die Glatzen der Soldaten zu scheren; dahinter standen in langer Reihe die Muschkoten.

Es kam, wie es kommen musste. Einer der Jungen, der zunächst noch auf der Mauer saß, wagte sich, mutiger als die anderen, auf den Hof, um die Schur besser verfolgen zu können. Die Soldaten, gerade mal gerade acht bis neun Jahre älter als die Zuschauer und zu jedem Schabernack aufgelegt, ergriffen den Jungen und im Handumdrehen saß er auf dem Stuhl. Was dann geschah, war klar. Tränen flossen und der Spott der Spielkameraden folgte auf dem Fuß. Nach 14 Tagen war allerdings alles wieder vergessen, da waren die Haare wieder nachgewachsen, aber danach waren die Jungen zurückhaltender mit ihrer Neugier.

Fahrradklau
... aus zwei mach eins

Mit etwa zehn Jahren konnten die meisten Jungen damals Rad fahren, am liebsten mit einem Damenrad, denn Kinderräder gab es damals kaum. Mit Herrenrädern war das fahren schwieriger für Kinder, weil die Stange im Weg war. Wenn kein Damenfahrrad zur Hand war, fuhr man einfach „durch die Stange".

Das Fahrrad war für die Rotarmisten eine willkommene Beute (Vorlage Dokumentations- und Informationszentrum München Nr. 0990002049)

Anders war das bei den Russen; die kamen meist aus einfachen Verhältnissen und hatten auf dem Lande, und erst recht im Krieg, wohl keine Gelegenheit gehabt, das Radfahren zu erlernen. So wurden in **Rostock** Räder der Deutschen requiriert und los ging es auf den glatten Bürgersteigen. Die ungewohnte Art der Fortbewegung hatte jedoch ihre Tücken und forderte Opfer. Es sah schon ulkig aus, wie die Soldaten in Uniform hin und her eierten, und so manches Rad wurde dabei zu Bruch gefahren. Ungeübt, die Balance zu halten, das konnte natürlich nicht gut gehen. Für die Jungen eine willkommene Gelegenheit: Aus zwei oder drei Schrotträdern konnte mit etwas Geschick ein neues Rad gebaut werden. War es gebaut, wurde das Rad erst einmal gesichert, dann dauerte es ein paar Monate, bis sich die Jungen mit dem Rad wieder auf die Straßen trauen konnten; denn schnell hatten es ihnen die russischen Soldaten wieder abgenommen.

Neue Uniformen für Offiziere
... Beobachtungen im russischen Soldatenalltag

An die Russen hatten wir uns schnell gewöhnt und die Disziplin der Soldaten war zumindest in der Nähe der Kasernen, überwacht von russischen Offizieren, in Ordnung. Gegen Verstöße der Soldaten wurde scharf vorgegangen. Hinter einem vergitterten Kellerfenster der Kaserne konnte man eines Tages zwei Muschkoten beobachten. Was auch immer sie verbrochen haben mochten, sie saßen tagelang vor einem Holzwaschzuber voller Kartoffelschalen, kein Brot, keine Kascha.

An den langen Mittagstischen im Freien saßen auch fast schwarze Rotarmisten, die wohl aus dem Kaukasus kamen. Die deutschen Kinder hatten schnell mitbekommen, wie man an den Tischen zu einem **Schlag Kascha** kommen konnte. Betteln war schnell gelernt. Dann wurden in ganz Rostock, wo es sich anbot, **Zigarettenkippen** oder **Machorkareste** gesammelt diese waren eingewickelt in Prawda-Papier. Von der Umhüllung befreit und die Reste gut vermischt, gab das eine ansehnliche Tabakmischung, die man gut eintauschen konnte gegen andere Ware.

Hin und wieder bekam man auch merkwürdiges Geld geschenkt, Militärgeld, dessen Wert aber erst nach Monaten bekannt gegeben wurde. Vorher konnte man damit wenig anfangen.

Die Ulmenkaserne, Tradition Rostocker Militärgeschichte. Kaiserliche Armee, Reichswehr, Wehrmacht, Ungarn, Rote Armee, und NVA. Heute eine Fakultät der Universität Rostock (Foto: Klaus Fytterer)

In der Nähe der Kasernen gab es damals noch viele **Uniformschneidereien** aus alter Zeit.

Die sowjetischen Offiziere nutzten ihre Zeit in **Rostock**, um sich bei den

31

deutschen Uniformschneidern schicke Uniformen anfertigen zu lassen, zweifarbig, blaue Hose, erdfarbene Jacke mit geschlossenem Kragen und riesigen Schulterklappen. Vor allem, für die Deutschen ungewohnt, gehörten zu den Uniformen die sehr flachen Mützen der russischen Offiziere.

Die Russen ziehen ab?
... Doch es war ein Irrtum

In diese aufregende, interessante Zeit mit der sich anbahnenden Geschäftigkeit, fiel unerwartet das Brummen von Lastwagen mit aufgesessener, voll ausgerüsteter Infanterie. In Windeseile sprach es sich herum: Die Russen ziehen ab! Und in der Tat konnte man es beobachten, Wagen für Wagen verließ das Kasernentor in der Ulmenstraße. Die Russen zogen aus den Kasernen ab, fuhren in Richtung Westen aus Rostock heraus und kamen nicht wieder?

Die Freude war bei den meisten zunächst groß, währte aber nur kurz, denn der Abzug stellte sich als Irrtum heraus.

Anfang Februar 1945 vereinbarten die Alliierten auf der Konferenz von Jalta die Aufteilung Deutschlands in Besatzungszonen. Vom 1. bis 4. Juli 1945 räumten britische und amerikanische Truppen die als sowjetische Besatzungszone vorgesehenen Gebiete. Die Rote Armee rückte dann in Teile Mecklenburgs, Brandenburgs und Sachsens ein sowie in ganz Thüringen und räumte dafür Teile Berlins. Diese Truppenbewegungen vollzogen sich auch in **Rostock**.

Der angebliche Abzug war ein großer Irrtum. Die Russen blieben!

Mahn & Ohlerich: demontierte Kupferkessel
... Bahngleise werden abgebaut

In Jalta auf der Krim wurden im Februar 1945 von den Siegermächten auch Reparationen beschlossen, die von Deutschland an die Siegermächte zu leisten waren, ohne allerdings Umfang und Höhe festzulegen. So wurde das zerbombte **Rostock** noch zusätzlich gebeutelt.

Auf der Rückseite der **Doberaner Straße** wurden zum Beispiel die Mauern der großen Hallen aufgebrochen, um die Kupferkessel der **Brauerei Mahn und Ohlerich** zu demontieren – ein trauriger Anblick. Ab ging es per Schiff in die Sowjetunion. Dem Geist und dem Aufbauwillen der Rostocker Brauereibeschäftigten ist es zu danken, dass schon bald wieder in alter Tradition Bier ausgeschenkt werden konnte.

Auf der Bahntrasse der großen Fernverbindungen wurde ausnahmslos das zweite Gleis demontiert. Die Strecke von **Rostock** über Waren nach Berlin wurde um Waren vollständig abgebaut. Viele Jahrzehnte führte der Weg von **Rostock** nach Berlin nur über große Umwege.

Hafenbetrieb hinterm Zaun
... und ab nach Russland

Der Rostocker Stadthafen nahm seinen Betrieb wieder auf, um zunächst die Reparationsgüter verschiffen zu können. Hier konnten Schiffe bis fast 6000 t anlanden. Es waren vor allem verrostete Russenschiffe, meist mit Heimathafen Archangelsk, die das Beutegut wegschafften. Vereinzelt kamen auch finnische Schiffe. Die sahen oft noch schlimmer aus als die russischen. Heute ist Finnland eine der führenden Schiffbaunationen der Welt, wobei jetzt ein Schiff eleganter aussieht als das andere.

Der „geheime" Hafenbetrieb und die russische Eigenart brachten es mit sich, dass ganze Gebiete um den Hafen herum abgesperrt und mit einem über zwei Meter hohen Bretterzaun umgeben wurden. Für Außenstehende war nichts mehr zu sehen, nur vom **Gehlsdorfer Ufer** aus konnte der Abtransport der Reparationsgüter beobachtet werden. Der Zaun blieb viele Jahrzehnte und wurde auch zu DDR-Zeiten gepflegt.

So etwa sah die neue Toreinfahrt der Russen zur Ulmenkaserne damals aus. Fotografieren war u. a. unmöglich, das hätte Spionage bedeutet (Vorlage Simon Thamm)

Zwischen den aus Ziegelsteinen gemauerten Pfeilern der **Ulmenkaserne** und den Kasernen in der **Kopernikusstraße** waren früher schöne Eisengitter, mit Speerspitzen versehen, angebracht. Auch diese Gitter fielen den Reparationen zum Opfer, vielleicht landeten sie vor einem Museum oder einem Schloss in Leningrad.

Und was geschah dann? Reinschauen ins Kasernengelände sollte natürlich weiterhin keiner. Der schon obligatorische Bretterzaun wurde mit einem Tor aus Holz versehen. Darüber hing ein großes Stalinbild und wieder darüber der rote Sowjetstern. Den meisten Rostockern gefiel das weniger.

Die Russen wohnten nun auch nicht nur in den reichlich vorhandenen Kasernen, sondern beschlagnahmten auch ganze Straßenzüge. Die **John-Brinkmann-Straße** war von 1945 bis etwa 1948 von Russen bewohnt und, wie üblich, wurde auch diese Straße mit einem hohen Zaun abgesperrt. Ein paar Monate später mussten die Schulkinder, die zur nächstgelegenen Altstadtschule gingen, immer einen Umweg in Kauf nehmen, weil die John-Brinkmann-Straße für sie gesperrt war.

Wohnen hinter Zäunen
... Sie ließen sich nicht in die Karten schauen

Später zogen die Russen in die **Adolf-Wilbrand-Straße**, in der sie etwa von 1947 bis 1950 untergebracht waren.

Auch die **Wallensteinstraße** wurde, wie durch Zeitzeugen belegt, verrammelt und vernagelt. Die Kommandantur der Russen wechselte in **Rostock** öfters den Standort, befand sich zeitweise in der **Dehmelstraße** mit dem Eingang von der **Stefanstraße**. In der oberen Etage wohnten Offiziere, im Erdgeschoss befand sich die Kantine, in der stets reichlich dem Wodka zugesprochen wurde. In Erinnerung geblieben ist das Haus vielen Rostockern durch das riesige **Porträt des Generalissimus Josef Stalin**.

Zur späteren Zeit zogen Offiziersfamilien in das **Thynenviertel**, das selbstverständlich auch abgeriegelt wurde. Die Bretterzäune des Jahres 1945 waren der Beginn einer systematischen Abkapselung. Persönliche und individuelle Kontakte zur deutschen Zivilbevölkerung gab es dann kaum noch.

Den **kuriosesten Bretterzaun** gab es jedoch mitten in der Stadt. Auf dem **Blücherplatz** stand das **Blücherdenkmal**, dem in Rostock geborenen General Blücher zur Ehre. Nun wurde aus Blücherplatz schnell **Stalinplatz**. Aber was nun mit Blücher machen? Er war doch Waffenbruder der russischen Armee gewesen, die Napoleon 1812–1813 aus Deutschland und Europa vertrieb. Eine Lösung wurde gefunden. Das bronzene Denkmal des Generalfeldmarschalls kam einfach hinter einen Bretterzaun, wie in Rostock nun schon zur Genüge praktiziert. Erst zu der Zeit, als sich die Nationale Volksarmee der DDR auch auf preußische Traditionen besann, insbesondere auf die Befreiungskriege, fiel der Bretterzaun um Blücher. Die Befreiung 1813 vom Joch Napoleons und die Befreiung am 8. Mai 1945 vom Faschismus passten ja auch gedanklich gut zusammen – oder?

Russische Mutterflüche
... Kinder sangen: Leberwurscht, Leberwurscht

Nach den deutschen und ungarischen Soldatenliedern hallten im Frühjahr 1945 russische Marschlieder durch die Straßen von Rostock. Auch in der Roten Armee wurden patriotische, chauvinistische Lieder gesungen. Sie unterschieden sich für unsere Ohren von den Wehrmachtsliedern zunächst dadurch, dass man sie nicht verstehen konnte.

Ungewöhnlich war auch der typisch russische Vorsänger: Ein stimmgewaltiger Soldat in der ersten Reihe sang zunächst eine Strophe oder einen Teil einer Strophe vor, und dann kamen die Stimmen vom Rest des Zuges hinzu. Diese Art Marschgesang war damals für viele Rostocker sehr beeindruckend. Oft wurde dazu auch auf zwei Fingern gepfiffen.

Sehr melodisch klang damals – und deshalb blieb es wohl vielen im Gedächtnis – ein patriotisches Lied:

„Schiroka strana moja rodina ...“

Патриотические • Широка страна моя родная

Автор слов - **Лебедев-Кумач В.**, композитор - **Дунаевский И.**

Широка страна моя родная,
Много в ней лесов полей и рек.
Я другой такой страны не знаю,
Где так вольно дышит человек.

От Москвы до самых до окраин,
С южных гор до северных морей,
Человек проходит как хозяин
Необъятной Родины своей.

Всюду жизнь привольно и широко,
Точно Волга полная, течет.
Молодым везде у нас дорога,
Старикам везде у нас почет.

Russisches Marschlied

In der Übersetzung:

Meine große, weite Heimat
In der viele Wälder, Felder und Flüsse sind
Ich kenne kein anderes Land wie dieses
Wo sich der Mensch so wohl fühlt

Der Refrain eines anderen sowjetischen Marschliedes animierte die **Rostocker Kinder**, die mit der Marschkolonne mitliefen, mitzusingen. Sie verstanden natürlich nicht den russischen Text. Doch da klang doch etwas wie „Leberwurst"!? Und schon sangen die Kinder mit: „Leberwurscht, Leberwurscht, Leberwurscht ...".

Das waren die Jungs der Stunde, Günther Mense (r.) und Peter Wilken. Sie lernten auch, was sie nicht lernen sollten (Vorlage Elisabeth Siebers)

Schnell hatte man natürlich auch raus, wenn den sowjetischen Soldaten etwas nicht passte. Irgendetwas klappte nicht, oder man sollte verschwinden. Dann wurde kräftig geflucht und die Wortkombination **„jub twoja match"** war gang und gäbe. Bei den Rostocker Kindern und Jugendlichen wurde der Fluch sozusagen zum „Sommerhit" 1945.
Der Fluch bedeutet, vornehm ausgedrückt, so viel wie:
„Treib's mit deiner Mutter!", also an sprachlicher Brutalität kaum zu überbieten. Kein Wunder, dass diese Worte später im Russischunterricht der Schulen nicht mehr vorkamen.

Der „falsche" Soldat
... auf dem Sommerweg an der Schwaaner Landstraße

Panjewagen gehörten ab Mai 1945 zum täglichen Stadtbild und die kleinen, wendigen Wagen wurden von den Russen auch eingesetzt, um

Lebensmittel aus den umliegenden Dörfern in die Kasernen zu holen. Viele **Rostocker** hatten dagegen höchstens einen kleinen **Handwagen** (Bollerwagen) zur Verfügung. Sie machten sich ebenfalls auf den Weg, um im Umland dieses oder jenes zu tauschen bzw. Essbares zu ergattern. Man nannte das damals „auf **Hamstertour gehen**".

So war auch die Frau des in Rostock bekannten Kinderarztes **Dr. med. Krasemann**, mit ihren Kindern und einem **Bollerwagen** auf dem Weg in das südlich von **Rostock** gelegene **Kessin**, an der heutigen Bundesstraße 103 gelegen. Um die Straße in Richtung Kessin zu erreichen, musste man über die damals noch mit kleinen grauen Granitsteinen gepflasterte **Schwaaner Landstraße**. An deren Rand war extra ein „Sommerweg" für die Reiter und Pferdefuhrwerke angelegt.

Russischer Panjewagen (Vorlage Hans Sinner)

Ein **Panjewagen**, besetzt mit einem Russen, überholte die kleine Gruppe und hielt dann plötzlich an. Und nun vollzog sich eine sonderbare Verwandlung. Der Rotarmist zog seine erdfarbene Uniform aus und verwandelte sich mit einer dunkelblauen Uniform in einen Matrosen der Baltischen Flotte. Der so verwandelte Rotarmist fuhr grinsend weiter in Richtung Kessin.
Frau und Kinder, in Kessin angekommen, besuchten zunächst den dort lebenden Pastor Timm, kamen mit ihm ins Gespräch und berichteten von der merkwürdigen Verkleidungszeremonie. Der Pastor war sehr erstaunt und erzählte von einem marodierenden Matrosen, der seit Tagen die Gegend unsicher machte. Er (der Pfarrer) hätte sich schon bei der Kommandantur beschwert, aber die Untersuchungen brachten kein Ergebnis.
Der Grund dafür lag ja nun auf der Hand; man musste eben nur nach der richtigen Uniform suchen. Erneut wurde bei der Kommandantur vorgesprochen. Offensichtlich führten jetzt die Untersuchungen zum Erfolg. Der die Gegend unsicher machende Russe mit der „falschen" Uniform wurde in Kessin nie wieder gesehen.

Der Tod des Soldaten
... Der Sarg war offen

Eines Tages schallten dunkle, düstere Mollmelodien einer russischen Militärkapelle durch die Straßen. Eine lange Kolonne von Soldaten marschierte hinterher. An der Spitze des Zuges trugen mehrere Offiziere der Roten Armee einen roten Sarg auf den Schultern. Dahinter folgten mehrere Fahnenträger.

Völlig ungewohnt für die Rostocker Bevölkerung war, dass der Sarg offen und innen mit rotem Stoff ausgeschlagen war. Ein höherer sowjetischer Offizier wurde zu Grabe getragen. Einen kleinen **Russenfriedhof** hatte man in der **Alexandrienenstraße** (später Puschkinplatz) angelegt. Dorthin trug man den Verstorbenen. Der russische Friedhof ist auch heute noch dort zu finden. Zu DDR-Zeiten war die Ruhestätte oft Ziel von Demonstrationszügen und ein Ort der Kranzniederlegungen, zum Beispiel am 8. Mai.

In späterer Zeit hat man solche Begräbniszeremonien öfters im Fernsehen verfolgen können. Sie gehörten zum Staatsritual für hochrangige verstorbene sowjetische Politiker.

Der Russenfriedhof am Puschkinplatz, wie er sich heute darstellt
(Vorlage Klaus Fytterer)

Neuanfang aus Trümmern
... Die „Tägliche Rundschau", Lebensmittelkarten

Die schlimmsten Tage waren überstanden, und mit dem Einsetzen einer provisorischen deutschen Verwaltung in den ersten Maitagen 1945 durch die sowjetische Stadtkommandantur kehrte auch die zivile Ordnung wieder zurück. Bald wurden schon **Lebensmittelkarten** ausgegeben und somit ein Minimum an Versorgung gesichert.

Den Rostockern mangelte es jedoch nicht nur an ausreichender Nahrung, sondern auch an ausreichenden Informationen. Denn jeder stellte sich die Frage, wie es weitergehen würde. Neben Fotoapparaten und Schreibmaschinen waren auch die Radios von den Russen sichergestellt. Sie mussten von den **Rostockern** abgegeben werden. So war man auf Flugblätter, Anschläge oder später dann auf Zeitungen angewiesen, um notwendige Informationen zu bekommen.

Apropos Zeitung: Wie in Windeseile sprach es sich herum: In der Stadt soll es wieder eine Zeitung geben!

Ecke Kröpeliner Straße/Pädagogienstraße war ein Gebäude nach den zahlreichen Bombenangriffen stehen geblieben. Das Gebäude, in Sichtweite zur zerstörten **Jakobikirche** (Die Jakobikirche soll übrigens die schönste der sieben Kirchen im Stadtgebiet gewesen sein, behaupten alte Rostocker. Sie wurde nach dem Kriege gesprengt und völlig abgetragen.), beherbergte vorher einen Verlag mit Druckerei. Dort sollte die neue Zeitung gedruckt werden.

Ein seltenes Foto der Rostocker Jakobikirche vor der Sprengung, die ersten Zeitungen gab es nebenan (Vorlage Klaus Fytterer)

Und dann konnte man sich in den ersten Maitagen tatsächlich, nach langem Schlangestehen, die ersten Ausgaben der „**Täglichen Rundschau**" abholen. Später nannte man sie im Volksmund, allerdings nur hinter vorgehaltener Hand, „**Tägliche Schundsau**".

Wenigsten wurden die Rostocker jetzt durch eine richtige Zeitung teilweise über die gewaltigen politischen Veränderungen informiert. Klar wurde auch, dass eine „totale Bolschewisierung" wohl ihre Grenzen hatte. Man war zunächst froh und glücklich, dass nun die Rostocker zu einem Neuanfang aufgerufen wurden, für ein freies, friedliebendes demokratisches Deutschland.

Überall Neuanfang: die ersten Briefmarken in Mecklenburg-Vorpommern (Vorlage Hans Sinner)

Organisieren, hamstern, „stoppeln" geh'n
... von „Butterschmalz" und „guter" Butter

Zunächst wurde der Tagesablauf noch bestimmt durch die Beschaffung von Lebensmitteln zur Ergänzung der Lebensmittelkarten, denn an der Versorgung haperte es noch an allen Ecken und Kanten.

Nach dem Zusammenbruch des Nazi-Regimes gab es eine Zeitlang kein Salz. Alle möglichen Gewürze, in denen ein paar Körner Salz enthalten waren, wurden als Ersatz genutzt, zum Teil auch Viehsalz.

Die merkwürdigsten Nahrungsmittel hat man damals gegessen. **Melasse**, eine Art Sirup – niemand kannte das Zeug vorher; oder Kunsthonig und das widerliche „**Butterschmalz**". Die wenige „**gute Butter**" wurde mit steif geschlagenem Eiweiß gestreckt, sie sah dann eher aus wie Eierschaum und weniger wie Butter.

Damals wurden noch Garben zu Hocken aufgestellt, erst nach dem Einfahren durfte „gestoppelt" werden (Vorlage Hans Sinner)

Organisieren hieß in jener Zeit klauen. Alles, von der Kohle bis zu den Feldfrüchten auf den Äckern, wurde mitgenommen – was man bekommen konnte. Seriöser war dagegen das Hamstern. Dabei wurde der Rucksack mit allem voll gestopft, was irgendwie zu entbehren war, zum Teil auch mit sehr persönlichen Sachen. Damit wanderten die Menschen kilometerweit aufs Land und versuchten bei den Bauern irgendetwas an Lebensmitteln dafür einzutauschen.

Dieses kleine Mädchen hatte ein Brot ergattert
(Vorlage Herkules Verlag)

Stolz waren die Kinder, wenn sie etwas zum Lebensunterhalt der Familie beitragen konnten. Rund um **Biestow** herum, wo heute die Südstadt steht, und in **Sildemow** und **Groß Stove** wurde damals viel Getreide angebaut. Dorthin zogen die Kinder mit einem Rucksack und sammelten die herumliegenden Ähren auf den abgeernteten Feldern – „**stoppeln**" geh'n, nannte man das damals. Wieder zuhause, wurde dann „gedroschen", anschließend in einer Kaffeemühle, oder mit einer Schrotmühle das Korn gemahlen. Mit Sauerteig backte man in den Familien daraus ein schmackhaftes Brot.

Holzaktion in der Rostocker Heide
... Knochenarbeit für Frauen und Kinder

Neben der Lebensmittelversorgung war die Brennstoffbeschaffung für die Heizungen ein großes Problem. Die geklauten Kohlen reichten bei weitem nicht aus. Alles was brennbar war, wurde gesammelt. Hier half der Baumbestand der Rostocker Heide.
Wer wollte, konnte sich am **Güterbahnhof** in der **Bleicherstraße** zu bestimmten Zeiten einfinden. Und dann ging es im Eisenbahn-Güterwagen

nach **Hinrichshagen** in die Heide. Dort angekommen, erklärte ein Förster, wie ein Baum fachgerecht zu fällen sei. Wer keine Schrotsäge zur Verfügung hatte, konnte eine ausleihen. Es war Knochenarbeit, die meist von Frauen und Kindern verrichtet wurde. Die Männer waren zu der Zeit meist noch in Gefangenschaft.

Das Holz wurde dann zu einer Verladestelle getragen. Manche hatten einen kleinen Handwagen zur Verfügung, der die Arbeit natürlich wesentlich erleichterte. Jeweils zwei Parteien bekamen dann einen Güterwagen zugewiesen. Nun mussten die schweren Holzteile in den Güterwagen bewegt werden.

Manche hatten einen Handwagen (Vorlage Herkules Verlag)

Auf dem Hof ging es dann ans Kleinholz (Vorlage Hans Sinner)

Einige Tage später waren die voll geladenen Waggons tatsächlich am Güterbahnhof in der Bleicherstraße angekommen und es galt nun, die Fracht in die Häuser oder auf die Hinterhöfe zu schaffen. Hier wurde das Holz gespalten und zu Mieten aufgeschichtet.

Mecklenburg, ein Kartoffelland
... Mit dem Handwagen nach Teschendorf

Im Herbst galt es, Vorräte für den Winter anzusammeln. Wer konnte, ging aufs Land, um Kartoffeln zu bekommen, denn davon gab es vor dem Krieg in Mecklenburg genug. In Dummersdorf, südlich von Rostock, war nämlich die große Kartoffelzuchtanstalt der Universität gewesen.

Schnell sprach es sich herum, dass man in Teschendorf, etwa 13 Kilometer von der Stadt entfernt, auf Kartoffelfeldern ganz legal nach der begehrten Frucht graben durfte. Aber wie hinkommen, und wie den Transport bewältigen? Wieder waren es die Frauen und Kinder, die Mittel und Wege fanden, wie man sich einen Handwagen beschaffte, auf dem entsprechend Kartoffeln geladen werden konnten. Dann ging es ab nach Teschendorf – zu Fuß selbstverständlich, den Handwagen hinter sich herziehend.

Auf den Feldern wurde „**nachgelesen**", dass heißt, es wurden Kartoffeln eingesammelt oder mit der Hacke nachgerodet, die von der Kartoffelrode-Maschine nicht erfasst oder von den Erntehelfern übersehen wurden. Oft „übersahen" die Erntehelfer auch mal absichtlich eine ganze Reihe. So lohnte sich dann der weite Weg, und so mancher kam mit einigen Säcken Kartoffeln zurück nach Rostock.

Kartoffelnroden 1945, selbst die Kleinsten waren dabei (Vorlage Hans Sinner)

Zur Not musste auch der Hund mit ran (Vorlage Herkules Verlag)

Der Rückweg mit dem schwer beladenen Handwagen war natürlich anstrengend. Zwei gingen vorn und zogen. Die Kinder schoben meist hinten, so gut sie konnten. All die Mühen waren aber bald vergessen, wenn das lebenswichtige Nahrungsmittel erst im Keller gelagert war – sicherten die Kartoffeln doch im kommenden Winter das Überleben.

Grabeland aus Panzergräben
... Eine Gartenkolonie entsteht

Westlich der **Gartenstadt**, auf dem Übungsgelände der ehemaligen Wehrmacht, wurde im April 1945 ein riesiger V-förmiger Panzergraben von Zwangsarbeitern, Kriegsgefangenen und der verpflichteten Bevölkerung ausgehoben. Der, wie sich herausstellte, nutzlose Graben wurde nun von den Rostockern mit Schippe und Schaufel wieder zugeschüttet.

Die Stadtverwaltung teilte die Fläche in Parzellen auf, zu so genanntem **Grabeland**. Diese Parzellen, die auch andernorts entstanden, waren ein Glücksfall für die Ernährung der Bevölkerung.

Es war schon ziemlich spät im ersten Friedenssommer, als endlich feststand, wer welche Parzelle bearbeiten durfte; deshalb wurde im ersten Jahr vor allem Wintergemüse dort angepflanzt. Dafür reichten die warmen Tage des Sommers gerade noch aus. **Wrucken** (woanders nennt man sie Kohlrüben), Kohl und Grünkohl kamen soeben noch zur Reife. Das Wasser zum Angießen musste von sehr weit her mit Eimern herangeschafft werden.

Lehrmeister auf dem Grabeland
(Vorlage Hans Sinner)

Für viele, insbesondere für die Kinder, war es sehr lehrreich, kamen sie doch erstmalig mit der Landwirtschaft in Berührung. Schnell wurde gelernt, wie und wann man etwas aussäen musste und wie die verschiedenen Pflanzen aussahen, wenn sie noch klein waren bzw. dann groß wurden. Das war sehr wichtig für das Jäten und Hacken.

Ein kleines Stück Grabeland – überlebenswichtig, und die Kinder haben mitgelernt (Vorlage Herkules Verlag)

Wer weiß denn heute noch, wie Land urbar gemacht wird und wie viel Mühe es kostet, bis der erste Kohlkopf geerntet werden kann? – Und mit welchem Stolz man ihn dann den weiten Weg nachhause trägt.

Das Sammeln der begehrten **Kuhfladen** und **Pferdeäpfeln** bedeutete für die meisten zunächst auch eine ungewohnte Arbeit, gehörte aber genauso dazu wie das Rigolen: Das zwei Spaten tiefe Umgraben war eine Knochenarbeit.

In den späteren Jahren wurden Obstbäume gepflanzt, Zäune gesetzt, und Wasserleitungen verlegt, und es entstand aus dem früheren Grabeland eine schmucke Gartenkolonie.

De Häuhner un de Kaninken
... in Hinterhöfen und auf Balkonen

Wer nur irgendwo auf dem Hof oder auf dem Balkon ein geeignetes Plätzchen finden konnte, der richtete es für die Karnickelzucht oder für die Hühnerhaltung ein. Die selbst gezüchteten Häuhner un Kaninken waren wertvolle Fleisch- bzw. Eierlieferanten in den Nachkriegsjahren. Ganze Batterien von Kaninchenställen entstanden auf den Hinterhöfen und alle zwei Tage ging es an den Stadtrand von Rostock, um das Futter zu besorgen. Gras wurde an den Feldrändern gerupft und oft genug auch unerlaubt Grünfutter von den Feldern geholt.

Dat leiv Kaninken
(Vorlage Richard Draber)

Dat söite Hauhn
(Vorlage Elisabeth Siebers)

Hühnerzucht zum Lebensunterhalt
(Vorlage Herkules Verlag)

Die Zucht von Hühnern und Kaninchen ergab zusätzlich Mist für das Grabeland und man lernte zum Beispiel bei den Kaninchen, was eine Zippe (weiblich) und ein Buck (männlich) ist und vor allen Dingen, wie man das schon bei den kleinen Tieren herausfinden konnte. Unangenehmer war es dann schon, festzustellen, wann ein Huhn ein Ei legte. Mit dem Zeigefinger wurde „gefühlt" – na, wo wohl?

Tränen flossen, wenn Kaninchen und Hühner geschlachtet werden mussten. Besonders die Kinder hatten sich bei der Aufzucht so an sie gewöhnt, dass ihnen oft der Abschied besonders schwer fiel.

„Großer Waschtag"
... war gleichzeitig Familien-Badetag

Die Wäsche wurde damals selbst gewaschen. Waschsalons oder Waschmaschinen gab es noch nicht. Die große Wäsche fand etwa alle vier Wochen in der Waschküche statt. Sie befand sich in den meisten Häusern im Keller. Die große Wäsche war für die Hausfrauen ein riesiger Aufwand und Schwerstarbeit. Gewaschen wurde in hölzernen Waschzubern oder Zinkwannen. Gekocht wurde die Wäsche in riesigen kupfernen Waschkesseln, die mit Holz befeuert wurden. Wie in einem großen Kochtopf die Suppe, rührte die Hausfrau damals die Kochwäsche im Kessel.

Meist einmal im Monat war „große Wäsche". Im Kupferkessel wurde die Wäsche gekocht (Vorlage Herkules Verlag)

Auf dem Waschbrett wurde die Wäsche sauber geschrubbt (Vorlage Herkules Verlag)

Kinder spielen den monatlichen Waschtag (Vorlage Herkules Verlag)

So ein Waschtag war in vielen Familien auch stets großer **Badetag** für die Familie, weil dann schon einmal genug warmes Wasser zur Verfügung stand und man nicht zum **Greifenbad** in die **Feldstraße** musste, wo schon für ein paar Pfennig ein Dusch- bzw. ein Wannenbad zu nehmen war. Und überhaupt waren die meisten Wohnungen in der **Kröpeliner Vorstadt** gegen Ende der 30er Jahre zwar mit einem Klo, aber ohne Bad ausgestattet. In der Küche befand sich der so genannte „**Ausguss**", ein halbrundes, emailliertes, gusseisernes Becken an der Wand, eben zum Ausgießen. Wer ein solches Ausguss-Becken hatte, konnte sich zu der Zeit schon glücklich schätzen. Die „kleine" Wäsche wurde in Schüsseln oder in den schon genannten Zinkwannen gewaschen. Bei vielen Familien fand der samstägliche Familien-Badetag in der Küche statt. Da wurden zuerst die Kinder gebadet (meistens im selben Wasser!) und anschließend zogen sich die Eltern zurück zum Wochenbad.

Hatte man irgendwoher Zuckerrüben ergattert, wurden sie gereinigt, gewaschen und zerkleinert, und danach kam der große **Kupfer-Waschkessel** wieder zum Einsatz. Darin wurden die etwa zwei bis drei Zentner Zuckerrüben weich gekocht und anschließend durch ein Tuch gepresst. Zum Auffangen des Saftes waren die Holzbottiche, in denen auch die Wäsche gewaschen wurde, wieder gut.

Nach dem Auspressen wurde der Rübensaft wiederum im großen Waschkessel eingedickt. Das dauerte mehrere Stunden. Aber am Ende der Prozedur gab es einen köstlichen schwarzen Sirup, einen willkommenen Brotaufstrich. In der Regel war die ganze Familie mit der Herstellung beschäftigt.

Das Feuer aufrechtzuerhalten, war Kindersache und machte viel Spaß. Belohnt wurden die kleinen Helfer mit dem Auslecken des Waschkessels.

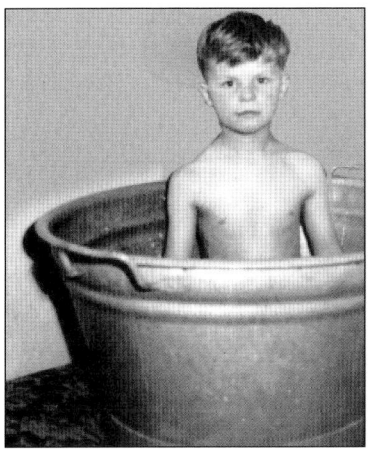

Damals, als es noch kein Bade-
zimmer gab
(Vorlage Wolfgang Lincke)

Badetag in der Küche. Im Hinter-
grund: Ausguss und Küchenherd
(Vorlage Herkules Verlag)

Haus in der Dethardingstraße schon mit Bad und Waschküche im Keller
(Vorlage Elisabeth Siebers)

Für viele Russen war das Klo mit Wasserspülung übrigens etwas Besonderes.
Die kamen oft vom Lande und solche städtischen Errungenschaften wa-
ren ihnen fremd. Sie nannten die WCs aus funktionstechnischen Gründen
„**Strickzimmer**".
In den Wohnungen der **Dethardingstraße**, der spätern Karl-Marx-Straße,
zum Beispiel, hatte man dagegen damals sogar schon gefliese Bäder. Diese
Häuser sind 1937 gebaut worden.

Grausames kommt ans Licht
... Broschüre und Ausstellung im Stadtmuseum

Wie eine Schockwelle erlebten es die meisten Rostocker: Bebilderte Hefte dokumentierten die Gräueltaten, die von Deutschen in den Vernichtungslagern Auschwitz, Majdanek, Sobibor und Treblinka angerichtet wurden.

Es kam noch schlimmer: Das **Rostocker Stadtmuseum** an der Ecke Bebelstraße/Richard-Wagner-Straße präsentierte eine Ausstellung über die deutschen Konzentrationslager. Grausam, was man dort an Ausstellungsstücken und Bildern zu sehen bekam: u. a. Hinrichtungsstätten, Lampenschirme aus Menschenhaut, durchschossene Herzen in Gläsern, und das war bei weitem nicht alles, was in Konzentrationslagern an Schrecklichem angestellt wurde. Der Besuch der Ausstellung war für die meisten Schulklassen Pflicht. Sie erhielten gemeinsam mit ihren Lehrkräften Eindrücke, die viele bis heute nicht vergessen haben.

Endlich etwas „normaler" Alltag
... Sonntagsspaziergang auf der Mole

Allmählich, aber stetig verbesserte sich die Lebenssituation der Menschen. Die Lebensmittelrationen auf den Lebensmittelkarten waren zwar weiterhin denkbar knapp bemessen, aber immerhin reichte es, um durchzukommen. Zum Glück waren viele Wohnungen noch mit einem Kochherd, der mit Holz befeuert werden konnte, ausgestattet. Eisenringe mit verschiedenen Durchmessern auf der Kochfläche gaben die Feueröffnung frei, in die ein passender Topf eingesetzt werden konnte. So hatten die Familien zumindest die Möglichkeit, warmes Essen zu kochen.

Gekocht wurde auf dem mit Kohle oder Holz zu heizenden Küchenherd (Vorlage Herkules Verlag)

Bald fuhr auch wieder die **Elektrische**, wie man die Straßenbahnen in **Rostock** nannte, allerdings zunächst nur die Linien eins und zwei. Übrigens mit der Linie eins beschäftigt sich u. a. auch der bekannte Rostocker Schriftsteller

Walter Kempowski in seinen Romanen.

In den frühen DDR-Jahren wurde auch eine Linie nach **Dierkow** gebaut. Quietschend fuhr diese durch die engen Kurven um die Nikolai-Kirche.

Die Linie eins durfte übrigens viele Jahre nicht bis zur Endstation **Neuer Friedhof** fahren, weil die Russen am Ende der **Parkstraße** in einem Gebäude ein Kasino eingerichtet hatten. Die gesamte Umgebung, einschließlich des Straßenbahn-Geländes, wurde wie üblich mit einem hohen Bretterzaun abgeriegelt. Erst späterer fuhr die Elektrische wieder zum **Neuen Friedhof**.

Als die Bahnstrecke nach **Warnemünde** in Betrieb genommen wurde, war das für die Rostocker eine besondere Freude. Konnten sie doch nun bequem nach **Warnemünde** kommen, um sonntags den **Nachmittagsspaziergang** auf *ihrer* Mole zu absolvieren.

Man fuhr auch schon wieder nach Warnemünde an die Mole (Vorlage Erika Habedank)

Strom für die Haushalte gab es allerdings lange Zeit nur zu bestimmten Zeiten und oft auch dann nicht. Durch mehrmaliges Blinken der brennenden Lampen wurde die Abschaltung angekündigt. Die Zeit reichte dann gerade, um die immer vorrätigen Kerzen anzustecken. Viele damalige Schulkinder werden sich heute noch daran erinnern, dass oft genug die Schularbeiten bei **Kerzenlicht** in der Küche gemacht werden mussten, denn die Küche war meistens auch der einzige beheizte Raum in der Wohnung. Eigentlich hatte das für viele Kinder und Erwachsene auch etwas Angenehmes: Man rückte eng zusammen, die Familie, soweit sie sich wieder zusammengefunden hatte, saß beieinander, und es war eine gemütliche Stimmung. Oft saß dann auch noch der Untermieter dabei, frühere Soldaten oder Heimkehrer, die ihre Familien noch nicht gefunden hatten.

Ein Auto und ein Radfahrer, so sah es damals auf der Steinstraße aus.
Eine Hauptverkehrsstraße ohne viel Verkehr mit der „Innenansicht" des
Steintores (Vorlage Klaus Fytterer)

Auch die **Gasanstalt** arbeitete wieder. Wer die Möglichkeit hatte, ließ sich einen Gasanschluss legen, sodass Gaslicht im Haushalt zur Verfügung stand, wenn der Strom ausfiel. Die Gaslampen für den Haushalt funktionierten genauso wie die bekannten **Gaslaternen** in den **Rostocker Straßen**. Man benötigte für das Gaslicht allerdings einen schwer zu beschaffenden „**Gasstrumpf**". Weil das Gaslicht jedoch bei weitem nicht so gemütlich leuchtete wie das schummrige Kerzenlicht, fanden es viele gar nicht so schlimm, wenn gerade kein Gasstrumpf zu beschaffen war.

Rostock, Warnemünde: „Reparationsschiffe"
... Arbeiten für die Sowjetunion

Die Hansestadt Rostock hat eine lange Schiffbautradition. Die Stadtflotte gehörte einmal zur größten in Deutschland. Der Greif, das Wappentier der Hansestadt, zeigte sich auf allen Weltmeeren. Das Hafenbild wurde während der Kriegsjahre vom Bau der U-Boote und anderen kleineren Kriegsschiffen bestimmt. 1940, kurz vor der Aktion „Weserübung" (die Deutschen besetzten Norwegen), drängten sich große Transportschiffe im Stadthafen. Jedermann konnte die Wehrmachtssoldaten sehen, die an Bord der großen Schiffe gingen, wenn man auch noch nicht genau wusste, zu welchem Zweck und mit welchem Ziel.

1945 kam die Rote Baltische Flotte und nutzte die Werftanlagen der traditionsreichen Neptunwerft für Reparaturen ihrer Schiffe.

Schon bald nach dem Krieg prägten wieder große Schiffe das Stadtbild (Hafenbild) Rostocks. Man nannte sie die „**Reparationsschiffe**".

In den Monaten und Jahren nach dem Mai 1945 wurden gesunkene, so genannte **Flüchtlingsschiffe,** nach **Warnemünde** geschleppt. Schaurige Geschichten erzählten Männer und Frauen, die auf den Schiffen Arbeit gefunden hatten, hinter vorgehaltener Hand. Sie arbeiteten auf den Schiffen für die Russen, für die die Schiffe als Reparationsleistungen flottgemacht werden sollten. Doch so viel drang an die Öffentlichkeit: Leichenreste fand man im Innern der Schiffe. Natürlich war alles geheim, wie immer bei den Russen. Das Klopfen der Niethämmer und Zischen der Schweißarbeiten waren jedoch nicht zu überhören.

Nicht zu übersehen war das gewaltige Passagierschiff, was vermutlich das ehemalige 21 000 BRT große, 1922 gebaute und spätere KdF-Schiff „Hansa" war. Die „Hansa" wurde nämlich 1945 als Flüchtlingsschiff zwischen Ostpreußen, Gotenhafen und den noch freien deutschen Häfen eingesetzt. Das Schiff wurde dann südlich des Feuerschiffes „Gedser" im März 1945 durch Minentreffer schwer beschädigt und kenterte. Sämtliche Flüchtlinge konnten dabei allerdings gerettet werden. Der Dampfer lag nur in 19 Meter Wassertiefe und wurde nach dem Mai 1945 schwimmfähig gemacht. Er strandete dennoch erneut vor der **Hafeneinfahrt** in **Warnemünde** an einem Wrack. Wieder wurde das Schiff schwimmfähig gemacht und dann an das **Warnowufer** geschleppt. Eine Zeit lang lag es direkt an der Warnow und war dort nicht zu übersehen. Der Ausbau konnte stets von den **Warnemündern** und **Rostockern** verfolgt werden, denn das Schiff überragte alle anderen Bauten in Warnemünde. Da nutzten alle Bretterzäune der Russen nichts. Fertig ausgerüstet und weiß gestrichen, fuhr das Schiff dann schließlich als „Sowjetzki Sojus" unter der roten Flagge mit Hammer und Sichel für die Sowjetunion. 1981 wurde das Schiff außer Dienst gestellt und abgewrackt.

Ein anderes Schiff der Flüchtlingsflotte (vermutlich die „Iberia") mit rund 9000 BRT lag ebenfalls in Warnemünde. Sie wurde 1946 an die Sowjetunion abgeliefert und fuhr dann unter deren Flagge mit dem Namen „Pobjeda" (Sieg).

Für die „Admiral Nachimow" war es ein weiter Weg von Rostock nach Novorossisk (Vorlage Alexander Fimin)

Um 1952, als die Warnowwerft den Betrieb aufgenommen hatte, lag die „Juri Dolgoruki" am Ausrüstungskai. Das Schiff sollte ursprünglich als Passagierschiff ausgebaut werden und war bereits zu etwa 75 Prozent fertig. Dann wurde alles wieder herausgerissen und es wurde zum Walfangschiff umgebaut.

Prof. Dr.-Ing. Friedrich Habedank, später Hochschullehrer an der Schiffbau-Sektion der Universität Rostock, berichtete, dass im Zusammenhang mit den Schiffen auch von Sabotageakten die Rede war. Die Mahagonitüren der zu Luxusliners auszubauenden Schiffe sollen z.B. oft genug zerkratzt gewesen sein.

Eine tragische Geschichte spielte sich um das vormalige Passagierschiff „Berlin" ab. Das Schiff wurde ebenfalls in Rostock ausgebaut und als „Admiral Nachimow" an die Sowjetunion abgeliefert. Es war wohl das letzte Schiff dieser Serie und fuhr im Schwarzen Meer mit Heimathafen Novorossisk. Das stolze Schiff sank am 31. August 1986 nach einer Kollision mit einem Frachter. Damals ertranken fast 400 Menschen.

Schon die gewichtigen Namen der Schiffe besagen, dass es nicht gerade kleine und bedeutungslose Passagierschiffe waren, die als Reparationen abgeliefert wurden.

Hansa, Capitol, Metropol
... Filme in Russisch und Nürnberger Prozess

Erstaunlich früh wurden nach 1945 die Kinos wieder eröffnet: die Schauburg am Ulmenmarkt, das Metropol im Barnstorfer Weg, ein kleines Kino am Kröpeliner Tor, etwas später auch das Capitol in der Breiten Straße und der architektonisch recht ansprechende Bau des Hansa Theaters.

Der Hansa Filmpalast in Rostock, bis heute ein Kino
(Vorlage Klaus Fytterer)

Die Aufnahme des Spielbetriebes erfolgte schon, als die russischen Offiziere noch als Einquartierte in den Familien lebten. Der Autor erinnert sich noch sehr genau, wie der einquartierte Kapitän Wasja auf einen russischen Film verwies, der hieß: **„Die Kinder des Kapitän Grant"**, ein Abenteuerfilm für Jugendliche. Mehrere Kinder gingen durch allerlei Umstände in Übersee verloren und mussten mit großen Mühen wiedergefunden werden, bis alles ein glückliches Ende fand.

Natürlich wurde nur Russisch gesprochen und keiner konnte die Worte verstehen, aber es gab Untertitel in deutscher Sprache und nach mehrmaligem Besuch des Kinos kannte man den Inhalt, auch ohne die Sprache zu verstehen.

Ein anderes Kinoerlebnis war der sowjetische Film über die Flüge des russischen Polar- und Eismeerfliegers Tschkalow mit seinen Abenteuern im Flugzeug und über dem Eis. Zur Belohnung gab es für Tschkalow eine Audienz beim Generalissimus Stalin.

Später spielte der Film über den Nürnberger Prozess, den man auch nicht so leicht vergessen kann, obwohl über 60 Jahre vergangen sind.

Orange Strümpfe für die Damen
... Heimatvertriebene oder Umsiedler

Orange Strümpfe an Frauenbeinen machten 1946 in Rostock das Straßenbild bunter. Sie wurden von Frauen getragen mit weit schwingenden dunklen Röcken. Die Frauen kamen damals mit Güterwagentransporten aus Gebieten des heutigen Tschechiens. Solche bunte Farbtupfer in der großstädtischen alten Hansestadt fielen sofort auf. Es waren die Frauen der Heimatvertriebenen (in der DDR nannte man sie Umsiedler), die die Farbtupfer setzten. Doch mit zunehmender Integration der Heimatvertriebenen (Umsiedler) verschwanden auch die orangefarbenen Strümpfe aus dem Stadtbild.

Die orangefarbenen Strümpfe wurde von sudetendeutschen Frauen in den deutschen Sprachinseln um Iglau, Schönhengst und Wischau, jeweils nur mit etwa 3500 Einwohnern, zur Tracht getragen. Die Tracht war in diesen Gegenden bis Kriegsende und noch kurz danach tägliches Kleidungsstück.

In Güterzügen kamen sie in die neue Heimat (Vorlage Herkules Verlag)

Wischauer Tracht mit
Strümpfen in Orange

In der DDR wurden diese
Marken der Bundesrepublik
wegen des Begriffes der
Vertreibung auf Briefen
schwarz überstempelt
(Vorlage Rosina Reim)

Der Rostocker Orthopäde Prof. Dr. med.
Johann Mach (Vorlage Ruth Mach)

Nach und nach wurden die Vertriebenen (Umsiedler) zu echten Rostockern, wenn es meist auch ein Leben lang mit dem Plattdeutschen haperte.
Doch Zugereiste sind für eine Stadt fast immer eine Bereicherung. Aus den Flüchtlingen und Vertriebenen sind teilweise bedeutende Rostocker Persönlichkeiten hervorgegangen. So u. a. der aus dem damaligen Deutsch-Iglau (heute Jihlav) in der Nähe von Brünn gebürtige **Prof. Dr. med. Johann Mach**, einer der späteren Direktoren der Orthopädischen Universitätsklinik.

Er kam erst 1949 nach Rostock und ist vor ein paar Jahren verstorben. Die Vielzahl seiner Patienten wird sich seiner in Dankbarkeit erinnern.

Für einen warmen Klassenraum
... Briketts von Lehrern und Schülern

Früher als in den anderen Besatzungszonen Deutschlands begannen die sowjetischen Kulturoffiziere, das gesellschaftliche, kulturelle und vor allem das antifaschistische politische Leben wieder in Gang zu bringen. Aber auch Deutsche nutzten die Chance, sich von der Vergangenheit zu lösen und mit dem Neuaufbau einer demokratischen Schule zu beginnen.

In den ersten Maitagen 1945 wurde von der russischen Kommandantur ein kommissarischer **Oberbürgermeister** für **Rostock** eingesetzt und bereits am 8. Mai, als zeitgleich die Kapitulationsurkunde von der deutschen Wehrmacht in Karlshorst unterschrieben wurde, hatte der frühere Direktor der **Großen Stadtschule** am **Rosengarten, Dr. Walther Neumann,** ein Gespräch mit dem Stadtoberhaupt über die Wiederaufnahme des Schulbetriebes. Schon am 9. Mai folgte ein Schreiben von Dr. Neumann an den Oberbürgermeister mit dem Titel „**Vorschlag für die Vorbereitung der Wiederaufnahme des Schulbetriebes in Rostock**". Das Dokument ist im Rostocker Stadtarchiv erhalten geblieben.

Typisch für die Zeit: Mit kurzer Hose und langen Strümpfen, hohen Schuhen und dem Ranzen auf dem Rücken geht dieser Rostocker Junge am ersten Schultag zur Schule. Eine Zuckertüte bekam sicher auch nicht jeder zu jener Zeit zur Einschulung
(Vorlage Richard Draber)

Von alldem wusste die Rostocker Bevölkerung wegen der mangelnden Kommunikationsmöglichkeiten wenig. Im Juni und Juli erging an die Rostocker der Aufruf, die älteren ggf. fürs Gymnasium, bzw. die jüngeren Kinder zum normalen Schulbesuch anzumelden.

Man kann es nicht leugnen, die alten „eingepflanzten" Ängste kamen wieder hoch, dass die Kinder in dem großen sowjetischen Reich verschwinden könnten oder wie auch immer von den Eltern getrennt würden. Die Sage vom Rattenfänger in Hameln kannte ja auch jeder. So ging man mit gemischten Gefühlen zur Registrierung. Alles ging selbstverständlich gut und so konnte am 1. Oktober 1945 mit dem Schulunterricht begonnen werden. Die Schulen waren vorher größtenteils mit Flüchtlingen belegt oder wurden als Lager genutzt und es fehlte an allen Ecken und Enden: keine **Schulmöbel**, kein **Schreibmaterial** ...

Der Ofen – sofern überhaupt einer zur Verfügung stand – musste erst mit selbst mitgebrachtem Brennmaterial angeheizt werden, bevor der Unterricht beginnen konnte (Vorlage Herkules Verlag)

Vor allem fehlten **geeignete Lehrer**. Deshalb musste man auf Lehrer zurückgreifen, die zwar nicht Gegner der Nazis waren, aber als nur gering belastet galten. Der Mathematiklehrer **Suckrow**, genannt „**Schinner**", von dem auch schon der Rostocker Schriftsteller **Walter Kempowski** in die Geheimnisse der Mathematik eingeweiht wurde, hat auch dem Autor noch 1954, hoch betagt, das Abitur abgenommen. Kempowski erwähnt **Suckrow** in einem seiner Romane schon aus der Zeit vor 1945.

Der Winter 1945/1946 war bitterkalt und der Unterricht konnte zunächst in der **Goetheschule, der Großen Stadtschule,** der **Schule bei den Sieben Linden**, der **Margarethenschule** und der **Vorstädtischen Knabenschule,** später Karl-Liebknecht-Schule, und anderen Schulen nur eingeschränkt aufrechterhalten werden. Oft saß man in Mänteln und nahm nur Hausaufgaben entgegen.

Glück hatten einige Schüler der **Außenstelle** der **Vorstädtischen Knabenschule.** Das Gebäude lag am **Friedhofsweg,** etwa 400 Meter vom Hauptgebäude entfernt. Es waren die notdürftig hergerichteten Räume der früheren **Seefahrtsschule.** Hier standen nämlich noch richtige Kachelöfen und Lehrer sowie Schüler brachten **Holz und Briketts** mit für einen warmen Klassenraum.

Bald setzte auch die **Schulspeisung** ein, jeder bekam täglich ein Roggenbrötchen. Heute sind Roggenbrötchen Standard beim Frühstück, damals sah man Roggenbrötchen als Notbehelf an und sehnte sich nach den weißen Brötchen.

Russisch war ab 5. Klasse obligatorisch, und diese Epoche ging erst mit dem Zusammenbruch der DDR zu Ende. Zumindest in den ersten Nachkriegsjahren galt Russisch in der Bevölkerung allerdings noch als „Sprache des Feindes".

Aus dem Unterricht
... Die neue Ideologie

Der Aufsatz eines Kindes aus der 5. Klasse zeigt ein wenig die Freude über die Rückkehr seines Vaters aus russischer Gefangenschaft. Gleichzeitig wird auch deutlich, welcher Not die heimkehrenden deutschen Soldaten ausgesetzt waren.

Der Vater kommt aus russischer Gefangenschaft (Vorlage Hans Sinner)

Nr. 9, Kl. 5a, 30.06.1947
Mein Vater
Als mein Vater im November 1946 aus der Gefangenschaft kam, freuten wir
uns alle sehr, zuerst wollte ich meinen Augen nicht trauen, aber als er mich
beim Namen rief, da wußte ich, wen ich vor mir hatte. Das Erste, was er
am andern Morgen tat, war, daß er sich rasierte und neue Wäsche anzog.
Dann aß er sich wieder mal richtig satt, denn er hatte großen Hunger. Nach
einigen Wochen konnte er mir schon die Schuhe besohlen, denn es tat Not.
Als der Frühling nahte, grub er unseren Garten um und schlug Holz. Auch
besorgte er uns Kartoffeln. Ostern backte meine Mutter einen Kuchen, der
meinem Vater nach langen Jahren sehr gut schmeckte.

Ein Diktat (Nr. 6) aus einer Klasse 7, vom 27.01.1950 zeigt, dass die schlimmste Not überwunden war und man sich mit Freuden wieder dem Zeitvertreib
und dem Sport widmen konnte. Rostock war zum „Leben" zurückgekehrt.

Diktat Nr. 6, 27.1.1950
Radrennen
Am vergangenen Sonntag erlebte die Rostocker Bevölkerung einen Groß-
kampftag. Durch ein spannendes Rennen wurde über den Großen Preis
der Stadt Rostock entschieden. Das Rennen ging kreuz und quer durch die
Straßen unserer Stadt. Start und Ziel war das Kröpeliner Tor.

Der Start der dreihundert Fahrer bietet einen großartigen Anblick. Ein dich-
ter Haufen, aus dem hier und da einige Radteile hervorblinken, schiebt sich
vorwärts. Bereits am Doberaner Platz hat sich eine kleine Spitzengruppe
herausgebildet. Aber noch sind die einzelnen Fahrer nicht zu unterschei-
den. In scharfem Tempo jagt die Spitzengruppe jetzt die Doberaner Straße
hinan, biegt kurz in die Fritz-Reuter-Straße ein, um schon im nächsten
Augenblick die Ulmenstraße hinabzurasen. Dicht hinter der Spritze liegt
das Feld. Weiter geht es über den Saarplatz hinweg in den Friedhofsweg
hinein. An der Ecke Stampfmüllerstraße stürzt der Spitzenfahrer, der
Rostocker Magedans. Er hat die Kurve zu scharf nehmen wollen und da-
bei den Rinnstein gestreift. Leider blieb das nicht der einzige Unfall. In
der Goethestraße stieß der bekannte Brock gegen das Hinterrad seines
Vordermannes. Dieser stürzte und wurde sofort unter den nachfolgenden
Fahrern begraben. Doch die Spitzengruppe jagte weiter durch die Rosa-
Luxemburg-Straße, durch die Richard-Wagner-Straße, dem Neuen Markt
zu. Von hieraus ging es durch die Stalinstraße, Breite Straße und die
Lange Straße zum Patriotischen Weg, dann die Friedrichstraße hinauf zum
Doberaner Platz und in umgekehrter Richtung dem Ziel entgegen.

Das Diktat (Nr. 7) vom 28.04.1950 lässt keinen Zweifel darüber, dass der
neue Staat, ein kommunistischer, antiamerikanischer Staat werden sollte. In

der Schule wird den Schülerinnen und Schülern die neue Ideologie auch in Diktaten vermittelt.

Etwa zehn Diktate wurden zu der Zeit im Jahr geschrieben.

Junge Pioniere beim
Schulappell
(Vorlage Herkules Verlag)

Diktat Nr. 7, 28.07.1950
Leidenschaftliche Proteste
Unaufhörlich gehen beim Kreisausschuß der Nationalen Front Proteste ein, in denen zur Herstellung der Wasserstoffbombe in den USA Stellung genommen wird.
In den Entschließungen der vielen Grund- und Oberschulen des Kreises der Industrie- und der Handwerksbetriebe der Angestellten und der Verwaltungen, der FDJ und der Jungen Pioniere wird gegen die verbrecherischen Kriegspläne der USA-Imperialisten auf das leidenschaftlichste protestiert. Das deutsche Volk und die Jugend wollen nicht für die Interessen der Kapitalisten auf den Schlachtfeldern verbluten und eines elenden Todes sterben, ist der Inhalt der meisten Erklärungen. In friedlicher Absicht wollen die deutschen Menschen ein neues und glücklicheres Vaterland aufbauen.
Die deutsche Jugend will leben und lernen für den Frieden und die Freundschaft mit der ganzen fortschrittlichen Jugend in aller Welt.

Der „Klassenochse" war tabu
„Bau auf, bau auf!" war angesagt

Weißt Du noch? Die heute über 70-Jährigen werden sich noch sehr gut an ihre ersten Schuljahre erinnern – in der Nazizeit. Waren sie doch geprägt von straffer Disziplin und bedingungsloser Einordnung in die nationalsozialistische Ideologie: Du bist nichts, aber dein Volk ist alles. Und, Adolf Hitler ist der Garant des Friedens, so stand es in der Fibel, damals noch in deutscher Schrift.

Klasse 8f, Vorstädtische Knabenschule, 1949, reine Jungenklasse, Lateinlehrer Kutz (links) und Deutschlehrer Hennemann
(Vorlage Hans Sinner)

Klasse 8a, Margarethen-Schule, 1951, reine Mädchenklasse
(Vorlage Hans Sinner)

Gemischte Klassen mit Jungen und Mädchen gab es nicht.

Fast alle Jungen sehnten sich damals nach der ersten Uniform, woraus dann auch gegen Ende der Nazizeit der sinnlose Widerstandswille gerade der 12- bis 18-Jährigen zu erklären ist.

Die Lehrer hatten damals als Handwerkszeug nicht nur die rote Tinte, um die Fehler anzustreichen, sondern auch den berüchtigten Rohrstock. Von so manchen brutalen Übergriffen vieler Lehrer ist aus dieser Zeit zu berichten. Eine „Methode der Pädagogik" war es zum Beispiel, den so genannten „Klassenochsen" zu ermitteln. Wohl nicht in Anlehnung an das mecklenburgische Wappentier. Hierbei sollte das „dümmste" Kind vorgeführt werden. Zunächst mussten bei dieser Aktion alle aufstehen. Jedem Kind wurde vom Lehrer zu irgendeinem Thema eine Frage gestellt. Bei richtiger Antwort konnte man sich setzen. Das eine Kind, was zum Schluss noch stand, wurde dann vom Lehrer zum „Klassenochsen" gekürt.

„Junge Pioniere sind einander Freund" (Vorlage Herkules Verlag)

Nichts mehr von alledem bestimmte nach dem 1. Oktober 1945 den Unterricht: Der Rohrstock und die Erziehung zum Wehrdienst hatten ausgedient. Vereinzelt gab es Lehrer, die das Ziehen an den Ohrläppchen für noch durchaus pädagogisch korrekt erachteten. Im Schuljahr 1945/1946 waren noch einige weniger „belastete" alte Lehrer und Lehrerinnen in den Schulen vertreten; aber mit den neuen Richtlinien veränderte sich dann auch der Lehrkörper. Im Laufe der Jahre rückten immer mehr so genannte Junglehrer nach.

Diese wurden mit Schnellkursen innerhalb weniger Wochen auf den Schuldienst vorbereitet. Der Vorteil für die Schülerinnen und Schüler war dabei, dass die Lehrer und Lehrerinnen den notwendigen Enthusiasmus und das Engagement mitbrachten für den Aufbau einer neuen demokratischen Einheitsschule.

Die Einheitsschule bestand aus der obligatorischen Grundschule mit acht Schuljahren, daran schloss sich die Oberschule mit den Klassen neun bis zwölf an. Diese Schulzeit endete mit der Reifeprüfung.

In der Grundschule wurden Deutsch, Mathematik, Physik, Chemie, Geschichte, Erdkunde, Biologie, Heimatkunde und Zeichnen gelehrt. Im Gegensatz zu heute fiel auch kaum eine Unterrichtsstunde aus, es gab fast immer eine Vertretung. Russisch war ab 5. Klasse Pflicht. In der 7. und 8. Klasse konnte zusätzlich Mathematik, Englisch oder Latein gewählt werden.

Bei den Junglehrern hatten die meisten Kinder gerne Unterricht. Die Frische der Schulstunden spiegelte zunächst die Freude der Lehrer und Lehrerinnen an dem Beruf wider – so empfanden es jedenfalls damals viele Zeitgenossen. Und den Schülern und Schülerinnen ließen sie den noch immer schwierigen Alltag phasenweise vergessen. Im Allgemeinen wurde in den ersten Nachkriegsjahren ein sehr hohes Schulniveau erreicht, trotz des Schichtbetriebes in den anfangs zu wenigen zur Verfügung stehenden Räumen. Von 8.00 bis 12.00 ging die erste Schicht, von 13.00 bis 17.30 Uhr die zweite, im wöchentlichen Wechsel.

Chancengleichheit für alle sollte damals oberstes Grundprinzip der neuen Schule sein. Hatten die Kinder der bürgerlichen Schichten (Kaufleute, höhere Beamte ...) früher die besseren Chancen, einen guten Schulabschluss zu erreichen, drehte man das Ganze im Sozialismus einfach herum und benachteiligte die Kinder der bürgerlichen Bevölkerungsschichten und förderte zunächst ausschließlich die Arbeiter- und Bauernkinder.

„Für Frieden, Freiheit, Demokratie und Sozialismus"
(Vorlage Herkules Verlag)

„Bau auf, bau auf…" *(Vorlage Herkules Verlag)*

Aus der Begeisterung für den Neuaufbau der Schulen ist u. a. auch der anfänglich freiwillige Zulauf zur FDJ zu erklären und das Lied: **„Bau auf, bau auf …, Freie Deutsche Jugend bau auf, für eine bessere Zukunft richten wir die Heimat auf"**, war zumindest in den ersten Nachkriegsjahren kein reines Lippenbekenntnis. Meist mit Begeisterung wurde auch der Entwurf für die neue Verfassung der zukünftigen Deutschen Demokratischen Republik aufgenommen.

Später wendete sich das Blatt aus bekannten Gründen. Viele Lehrer wurden eines Morgens nicht mehr gesehen. Sie waren in den Westen abgehauen. Der zunehmende politische Druck war für diese Lehrer nicht zu akzeptieren. Über Westberlin war es damals noch recht einfach, in die Bundesrepublik zu gelangen. Der Begriff „Republikflucht" wurde zu der Zeit jedoch schon gesetzlich verankert und wer geschnappt wurde, musste mit harter Bestrafung rechnen.

Große Stadtschule I
… „Kugelkreuz" war unerwünscht

Im Schulunterricht verwiesen die Lehrkräfte immer auf die Notwendigkeit der Liebe zur Sowjetunion, den ständigen Friedenskampf zu führen und dabei die FDJ und die SED zu stärken. Die Arbeiter- und Bauernmacht beherrschte alle gesellschaftlichen Bereiche. Später kam dann noch die Verpflichtung zur Verteidigung der Errungenschaften der DDR mit der Waffe in der Hand hinzu.

Wenn einem DDR-Bewohner zu jener Zeit dies missfiel, hatte er vor dem Mauerbau 1961 noch die Möglichkeit, über Berlin relativ leicht die DDR zu verlassen. Allerdings war das dann *Republikflucht* (ein Strafrechtsbestand). Er konnte auch *Widerstand* leisten – in welcher Form auch immer (mit allen strafrechtlichen Konsequenzen). Nur mit der *Überzeugung* vom System oder der *Anpassung* an das System konnte man in der DDR ein relativ zufriedenes Leben führen.

Jeder musste sich für seinen Weg entscheiden, das war die eigentliche Freiheit nach der Nazizeit, zumindest bis zum Mauerbau.

Wer zum Beispiel das **„Kugelkreuz"** (Zeichen der evangelischen Jugend) auf seinem Revers trug, musste die **Große Stadtschule I** verlassen. Nur wenige hatten danach den Mut, dieses christliche Bekenntniszeichen weiter zu tragen.

Schon der Stoppelhaarschnitt à la James Dean war verdächtig; oder die Ringelsocken und die Hochwasserhosen mit breitem Umschlag.

Als eingeschlichene westliche, imperialistische Dekadenz wurde dies von der Parteiführung bezeichnet.

Lernen und Ernteeinsatz
... Goethes Faust und Rüben verhauen

Lernen, lernen und nochmals lernen, und darauf achten, dass die Wissenschaft kein toter Buchstabe bleibt: So stand es an der Wand im Zeichensaal der Großen Stadtschule I am Rosengarten. Auch nach mehr als 60 Jahren kann man sich gut an dieses Lenin-Zitat erinnern.

Die zur Verfügung gestellten Schreibhefte waren übrigens zu der Zeit sozusagen „staatlich gesponsert" und mit Bildern und Parolen versehen. Die politische Beeinflussung war total und machte vor nichts Halt.

Im Frühjahr und im Herbst gingen die Schulklassen mit ihren Lehrern regelmäßig aufs Land zum Ernteeinsatz – meistens eine ganze Woche. Im Frühjahr wurden die Rübenreihen verhauen, im Herbst Kartoffeln und Zuckerrüben geerntet.

Was man damals u. a. lernte:
Joseph Stalins Ausführungen über die Entstehung der menschlichen Sprache, über die Ideen des sowjetischen Biologen Mitschurin (die Darwins Theorien längst in den Schatten stellten), die literaturwissenschaftli-

Der sowjetische Biologe I. W. Mitschurin, abgebildet auf dem
Deutschheft (Vorlage Hans Sinner)

chen Betrachtungen des Sowjetunionimmigranten György Lukacs, den
Kapitalismus in Goethes „Faust" und, dass Adenauer ein Handlanger des
Imperialismus und ein Sauerkrautfresser sei ...
Um ein einheitliches Bildungsniveau in den Schulen zu erreichen, gab es zumin-
dest ab den frühen 50er Jahren zentrale Jahresabschlussarbeiten und ein einheitli-
ches Zentralabitur. Die Reifeprüfung wurde nach der 12. Klasse abgelegt.

Massen auf die Straße
... „Heraus zum 1. Mai!"

Bald sah man in Rostocks Straßen auch wieder Massenveranstaltungen.
Menschen zogen durch die Straßen – nicht immer ganz freiwillig.

Die Betriebe und Schulen wurden aufgefordert, an den verschiedenen Demonstrationen teilzunehmen. Transparente und Fahnen wurden zur Verfügung gestellt, aber nicht jeder wollte sie tragen. Was half es, man konnte sich dem kaum entziehen.

Mit dem nahenden zeitlichen Ende des Zuges bröckelte die Teilnehmerzahl meist zunehmend ab, und so manch ein Spruchband oder Transparent blieb am Straßenrand liegen.

Ein Demonstrationszug. Der Anlass ist nicht mehr bekannt. Im Hintergrund ein Wahrzeichen Rostocks, der Wasserturm (Vorlage Klaus Fytterer)

Demonstriert wurde für und gegen alles, je nach politischer Aktualität, mehrmals im Jahr, zum 1. Mai. immer.

„**Heraus zum 1. Mai!**", hieß es schon Tage vorher.

Früh morgens um 7.00 Uhr ging's im Gleichschritt und mit Musikkapellen durch **Rostock**. Nicht mit Querflöten wie bei den Nazis oder russischem Vorsänger nach 1945, sondern mit traditionsreichen Schalmeien aus der Arbeiterbewegung zogen die Rostocker durch die Stadt.

Gespielt wurden schmissige Märsche (der deutschen Tradition folgend) und sozialistische/kommunistische Kampflieder, wie zum Beispiel das „Thälmann-Lied" – der Refrain: „**Wir sind die junge Garde des Proletariats**" oder das Lied der Internationalen Brigaden aus dem spanischen Bürgerkrieg von Paul Dessau: „**Spaniens Himmel breitet seine Sterne über unsere Schützengräben aus.**"

Unsere „Freunde" blieben eingesperrt
... vorher waren sie gut zu riechen

Zunächst durften sich die russischen Soldaten und Offiziere frei in der Stadt bewegen. Sie gehörten zum Stadtbild und es gab viele Kontakte zwischen Russen und Deutschen. Die Offiziere flanierten durch die Stadt. Man konnte sie gut „riechen", denn sie waren oft stark parfümiert – das war auffällig. Sie hatten mitunter deutsche Freundinnen. In den Lokalen konnte man eigenartige russische Trinkgewohnheiten beobachten: Wodka oder Korn wurde in Wassergläser eingeschenkt und in einem Zuge ausgetrunken, selbstverständlich mit einem entsprechenden Trinkspruch. Die meisten Russen waren offensichtlich an große Mengen Alkohol gewöhnt, dass es kaum mal einen umhaute.

Bald nur noch offiziell organisierte Freundschaft zwischen Deutschen und Russen (Vorlage Archiv der Hansestadt Rostock Inv. Nr. 7611 und 7625)

Nach und nach ging es damit zu Ende. Die einzelnen Objekte (so nannte man die militärischen Einrichtungen) wurden zusammengelegt. Die **MG-Kaserne** in der **Ulmenstraße** wurde geräumt und die Volkspolizei übernahm das Gebäude. Die Rote Armee zog sich in die wenigen verbliebenen Kasernen zurück und verschwand aus dem Stadtbild. Die russischen Soldaten blieben offensichtlich in den Kasernen eingesperrt. Man sah die Soldaten nur noch im Kollektiv marschieren, zum Beispiel in geschlossener Formation ins **Kasino**. Vor der Kolonne marschierte immer ein Soldat mit Laterne und hinter der Kolonne ebenfalls.

Privater Kontakte waren nun völlig ausgeschlossen. Sozusagen als Ausgleich für die zuvor durchaus üblichen privaten Begegnungen mit den russischen Soldaten wurde nun „von oben" die politische Organisation der „Deutsch-Sowjetischen Freundschaft" in den Vordergrund gestellt. Die zusammenkünfte erfolgten nun in kontrollierten Gruppen und Räumen durch so genannte Delegationen. Es waren stets ausgesuchte Personen (Junge Pioniere, FDJ-ler oder SED-Funktionäre), die an den Treffen teilnahmen. Zu besonderen Anlässen wurden dann Blumensträuße und kleine Geschenke ausgetauscht. Mit anschließender Umarmung der sowjetischen Genossen endete dann eine solche Veranstaltung. Viele Rostocker waren in der Deutsch-Sowjetischen Freundschaft organisiert. Wie sollte man sich auch mit guten Argumenten einer „Freundschaft" entziehen?

Benzin gegen Alkohol
... Gefährlicher Handel mit den Russen

Schon bald konnte man auch wieder Autos im Straßenbild Rostocks wahrnehmen – nicht nur Militärfahrzeuge und andere aus öffentlichem Besitz, sondern vereinzelt waren auch schon wieder Autos aus Privatbesitz unterwegs. Während des Krieges waren fast alle Fahrzeuge requiriert worden.
Aus welchen Gründen auch immer wurden davon einige Rostocker verschont. Vielleicht irgendwo in Scheunen oder Schuppen versteckt, tauchten sie nun wieder auf. Auch so mancher Bastler baute sich aus verschiedenen Einzelteilen sein Auto zusammen. Marken wie Opel Kadett, Mercedes und Hanomag tauchten wieder auf. Später kamen dann die Neuproduktionen DKW (mit Sperrholzaufbau) und EMW (vorher BMW) hinzu.

Zunehmend entstanden auch Fahrschulen. Dort ging es mitunter ziemlich ruppig zu, denn die Fahrlehrer waren meistens schon bei der Wehrmacht tätig gewesen, und von daher fiel es ihnen offensichtlich schwer, ihren Kommandoton abzulegen.
Die Autos mussten damals noch beim Schalten mit Zwischengas gefahren werden. Die Bremse wurde nur wenn unbedingt notwendig eingesetzt.

Auch der wiedererstandene Hanomag Rekord fuhr mit Sprit von der Roten Armee (Vorlage Hans Siebers)

Jeder Tropfen Benzin, der zu erhaschen war, war natürlich willkommen, und so wurde auch jede Gelegenheit genutzt, an den begehrten Kraftstoff zu gelangen. Eine Gelegenheit bot sich hin und wieder bei der Roten Armee. Militärlastwagen fuhren nämlich regelmäßig zum Übungsgelände nach **Groß Schwaß**. Am Wegrand dorthin befand sich die **Grabekolonie**, die spätere Kleingartenanlage. Hier standen gelegentlich russische Militärfahrzeuge.

Vorsicht war geboten bei der Kontaktaufnahme mit den Russen. „**Du Schnaps, ich Benzin**", so in etwa lief das Gespräch ab. Und dann ging alles sehr schnell: Schnaps und Benzin (mitsamt dem Kanister), wechselten den Besitzer, und dann nichts wie weg.

Kaum zu glauben, aber so wurde das Eigentum der Roten Armee gegen Alkohol verhökert (trotz harter Bestrafung, wenn das Ganze entdeckt worden wäre!). Es war für beide Seiten ein gefährliches Unterfangen. Solche Vorgänge sind jedoch nach den Überlieferungen auch aus anderen Armeen bekannt.

Tanzen im Mecklenburger Hof
... Boogie-Woogie unerwünscht

Das Tanzen lernte man in der Tanzschule Trudel-Vernè Sussek, damals der einzigen in Rostock. Frau Sussek, eine Dame in den Fünfzigern, gab den Unterricht und Herr Sussek spielte auf einem alten Klavier die Tanzmusik.

Viele Jahrgänge lernten hier Benimm und sich auf dem Parkett zu bewegen. Man traf sich einmal in der Woche. Die Tanzschule lag in der ausgesprochen dunklen Eselsföterstraße, einer kleinen Querstraße der geschäftigen **Blutstraße.**

Gelehrt wurden die Schritte und Drehungen für Langsamen Walzer, Foxtrott und für den stets schwierigen Wiener Walzer mit eins, zwei drei, ... eins, zwei, drei ... Hinzu kamen der heute nicht mehr übliche Rheinländer und schließlich der körpernahe Tango, selbstverständlich mit Promenade. Herr Sussek mühte sich redlich mit den Tasten. Für viele aus diesen Jahrgängen sind die Melodie und der Text des damaligen Hits „**Das machen nur die Beine von Dolores ...**" nicht nur anregende Phantasie, sondern auch ein Rückblick auf tatsächlich Erlebtes.

Abschlussball mit großer Garderobe in der Tanzschule Sussek, 1952
(Vorlage: Hans Sinner)

Nach Mittelball und Abschlussball war man dann perfekt im Umgang mit jungen Damen und Herren und ging am Sonnabend zum Tanzen. Beliebt waren u. a. der **Mecklenburger Hof** und die **Trotzenburg** im Barnstorfer Wald, die mit der Linie eins nun schon wieder zu erreichen war. Das „**Schmale Handtuch**" am Hopfenmarkt stand für ein gehobeneres Niveau. Der Andrang war dort groß und oft wurde man nicht mehr hereingelassen. Etwas geräumiger war es dann schon im „**Mau Mau**" in der **Alexandrienenstraße**. Dort wurden auch viele Schulfeste gefeiert.

Sehr gerne traf man sich sittsam und erfolgreich auch im **Trocadero** am **Doberaner Platz** zum **Tanztee** zwischen 17.00 und 19.00 Uhr.

Die Studenten und Studentinnen lebten vorwiegend unter sich und trafen sich zu heißen Rhythmen in der **Kantine des Studentenwohnheims**. Gespielt wurde dort u. a. auch der noch nicht verbotene, aber doch unerwünschte Boogie-Woogie „**Mackie war ein Seemann ...**". Das Lied war damals der Ohrwurm des Jahres.

Im Gegensatz zu den Amerikanern im Westen sah man Russen kaum in den Tanzlokalen, ganz vereinzelt zwei oder drei Offiziere, die Muschkoten durften wie gesagt die Kasernen nur noch in geschlossener Marschformation verlassen.

Schlägereien im „Schuster"
... „Seemollis" gaben hier den Ton an

Wer kannte nicht das berüchtigte Tanzlokal „Schuster" an der Saatower Chaussee, nahe dem Neuen Friedhof. Wohlerzogen und in der Tanzschule mit der guten Etikette vertraut gemacht, konnte man sich dort alleine schon gar nicht hintrauen. Dennoch waren das Verlangen und die Neugierde groß, sodass man sich in größeren Gruppen zusammenfand und sich so traute, mal reinzuschauen. Zu gefährlich war es, sich hier sich ein blaues Auge einzufangen. Seeleute und Matrosen, die so genannten **Seemollis**, gaben hier den Ton an, und die fackelten nicht lange, mutig und erstarkt durch das gute **Rostocker Bier** oder den Köhm von Kranstöver.

Nicht zimperlich war dann auch das oft herbeigeholte **Überfallkommando der Volkspolizei**. So mancher „**Seemolli**" fuhr dann im „Polizeitaxi" aufs Revier. Die Gelegenheitsbesucher machten sich schnell aus dem Staube und begaben sich meist zu Fuß auf den langen Heimweg, denn das „Schuster" lag weit außerhalb und war auch mit der Elektrischen nicht gut zu erreichen, schon gar nicht nachts.

„Amikäfer" fielen vom Himmel
... und schädigten sozialistische Wirtschaft

Eine Invasion bedrohte den sozialistischen Aufbau. Es muss um 1950 gewesen sein. Der Kalte Krieg lief auf Hochtouren. Da passte es gerade, dass die die Felder befallenden Kartoffelkäfer aus amerikanischen Flugzeugen stammen sollten.
Selbst die Presse soll dieser Art Behauptungen aufgestellt haben, erinnern sich Zeitzeugen.

Der Käfer galt nun als „**Amikäfer**". Und so erzählten die Lehrer ihren Schülern, dass er aus Flugzeugen der Amerikaner über Mecklenburg abgeworfen worden sei, um die sozialistische Kartoffelernte zu schädigen.
Auch auf großen Plakaten prangte der Käfer, um der Bevölkerung die Geschichte mit dem „Amikäfer" glaubhaft zu vermitteln, so wird erzählt.
Die Schulkinder wussten nicht viel über den Käfer, aber geglaubt hatte eigentlich kaum einer, dass die Käfer aus amerikanischen Flugzeugen abgeworfen wurden. Im Lexikon hätte man natürlich nachlesen können, dass der Kartoffelkäfer bereits 1877 zum ersten Mal in Deutschland gesichtet wurde. Er verbreitete sich über Schiffsladungen und über den

Der feindliche Käfer: Wie man an der Fibel aus den 20er Jahren sieht, war der Kartoffelkäfer auch schon vor dem Kalten Krieg ein Problem für die Landwirtschaft (nicht nur für die sozialistische) und Generationen von Schülern können über Kartoffelkäfer-Leseaktionen berichten (Vorlage Herkules Verlag)

Eisenbahnverkehr. In der Gegend um Bordeaux wurden in den 20er Jahren etwa 250 Quadratkilometer Kartoffelfelder durch den Käfer vernichtet.

So plötzlich, wie die unglaubwürdige Geschichte mit dem „Amikäfer" erzählt wurde, so schnell verschwand sie auch wieder. Sie war wohl doch ein wenig zu dick aufgetragen.

Rostock, Ernst-Thälmann-Stadt?
... War's nur ein Gerücht?

Ein Gerücht ging um, und bei vielen Rostockern machte sich Entsetzen breit: Die alte Hansestadt Rostock sollte in Ernst-Thälmann-Stadt umbenannt werden.

Es war die Zeit, als Fürstenberg zu Stalinstadt, Guben zu Wilhelm-Pieck-Stadt und Chemnitz zu Karl-Marx-Stadt wurde.

Ernst Thälmann, aus einem Hamburger wurde fast ein Rostocker (Vorlage aus Schreibheft vom Volk und Wissen Verlag GmbH, Berlin und Leipzig, 1952)

Gründe gab es freilich aus sozialistischer Sicht genug, Ernst Thälmann zu ehren, eine Stadt nach ihm zu benennen. Der Sohn der Arbeiterklasse wurde am 16. April 1886 in der Hansestadt Hamburg geboren und am 18. August 1944 im KZ Buchenwald ermordet.

Doch es kam nicht dazu: Ob das Ganze nun doch nur ein Gerücht war, vom perfiden Klassenfeind gestreut, oder ob man frei nach Rosa Luxemburgs Freiheitsbegriff der „Andersdenkenden", der Empörung der Rostocker Bevölkerung nachgegeben hatte, war nicht zu ermitteln.

Es blieb zunächst auf jeden Fall der **Ernst-Thälmann-Platz**, vormals und jetzt wieder, der **Neue Markt**.

Der Tod des Diktators
... Hoffnung auf etwas Neues?

Im März 1953 starb Generalissimus Joseph Stalin und für die gläubigen Sozialisten brach eine Welt zusammen. Der stalinsche Personenkult hatte in den Nachkriegsjahren grandiose Ausmaße angenommen.

Zu Stalins Geburtstag, am 21. Dezember, veranstalteten die Schulen stets ein umfangreiches Kulturprogramm, mit Gesang und Gedichtvorträgen. Sämtliche Schulklassen hatten anwesend zu sein. Stalin wurde als der beste Freund des deutschen Volkes dargestellt, von seinen Gräueltaten und dem Gulag wurde natürlich nicht gesprochen.

Die ersten DDR-Jahre: Personenkult mit Stalin (Vorlage Hans Sinner)

In den Schulen wurde sein Telegramm zur Gründung der DDR am 7. Oktober 1949 bekannt gemacht: „**Die Hitler kommen und gehen, das deutsche Volk aber bleibt bestehen**", hieß es darin.

Als Schüler erfuhr man später, dass der Spruch nicht von Stalin stammte, sondern er sich eines alten Bibelspruches bedient hatte: „Die Herren dieser Welt kommen und gehen, Du aber Herr, bleibst in Ewigkeit" – und so etwas ausgerechnet von Stalin.

Nun war er tot und die ganze Stadt wurde mobilisiert.

Stundenlang zogen die **Rostocker** in einem Demonstrationszug an einem dafür extra aufgehängten großen Stalinbild, um das man eine schwarze Banderole gelegt hatte, vorbei. Mittendrin marschierte auch schon die kasernierte Volkspolizei.

Das Stalinporträt war eingerahmt von Fahnen und ergebungsvoll mussten die Volkspolizisten die Hand an die Mütze legen und das Bild Stalins grüßen. Dazu klang der dumpfe Trauermarsch aus einer Klaviersonate von Frederic Chopin. Gestandene Genossen standen am Straßenrand und weinten.

Dennoch – ein Teil der Bevölkerung spürte das Eis schon brechen. Nach Stalins Tod keimte Hoffnung auf. Am 17. Juni 1953 brach das Eis endgültig. Danach ging die Epoche des so genannten „Stalinismus" langsam zu Ende.

Nach dem 17. Juni in Rostock
... Gerade noch mal gut gegangen

Am 17. Juni 1953 übernahmen die Russen wieder die Macht. Regiert wurde mit Befehlen, wie ein überliefertes Dokument aus Berlin deutlich macht. In Rostock nicht anders: Der sowjetische Militärkommandant für die Stadt und den Bezirk Rostock, Oberst Barinow, verkündete per Befehl den Ausnahmezustand. Militärfahrzeuge patrouillierten durch die Straßen der Stadt und verbreiteten Angst. Vor der Warnowwerft fuhr ein T-34-Panzer auf und die sowjetischen Kampftruppen standen zum Einsatz bereit, wie Augenzeugen berichten.

Aus jener Zeit:

Eine Schulklasse verließ den Klassenraum und sang irgendwelche Lieder, die aber nicht zum üblichen sozialistischen Repertoire gehörten. Der Direktor bekam das spitz und die Klasse jedenfalls musste sich sofort wieder im Klassenraum versammeln. Der Direktor, hochrot im Gesicht, sprach in höchster Erregung von Volksfeinden, und von Verrätern am Sozialismus. Seine große Aufregung dokumentierte er unbewusst dadurch, dass er das große Tafellineal mehrmals so stark zu einem Halbkreis bog, sodass es kurz vor dem Zerspringen war. Am Ende der Standpauke wurde ein Ergebenheitstext an die Arbeiter- und Bauernmacht aufgesetzt, den alle

Die Große Stadtschule am Rosengarten in Rostock

Schüler unterschreiben mussten, und, wie man sich erinnert, leserlich mit Bleistift und vor allen Dingen in Druckschrift. In den nächsten Tagen fand sich merkwürdigerweise keine Eintragung in dem obligatorischen Klassenbuch und es war so, als wäre die Geschichte nie geschehen.

Ob der Direktor sich zum Schluss dann doch schützend vor seine Schüler gestellt hatte, oder ob er seine eigene Haut retten wollte, wird wohl immer ein Geheimnis bleiben.

Es war noch einmal gut gegangen, aber die Angst, von der Schule verwiesen zu werden, bei der **Wismut** oder beim **Dienst für Deutschland** zu landen, war groß. Diese Organisation war so eine Art Arbeitsdienst, der ein schrecklicher Ruf vorausging. Sie bestand zum Glück nur für kurze Zeit. Wismut bedeutete allerdings auch Knochenarbeit und Uranverstrahlung, trotz bevorzugter Behandlung der Werktätigen dort in vielen anderen Lebensbereichen.

*Parade von sowjetischen Truppen auf dem Ernst-Thälmann-Platz vor dem
Rathaus in Rostock, 1958
(Vorlage Archiv der Hansestadt Rostock Inv. Nr. 7612)*

*Sowjettruppen angetreten vor dem Rathaus in Rostock
(Vorlage Archiv der Hansestadt Rostock Inv. Nr. 7609)*

Nachwort

Nach der Vereinbarung zwischen Gorbatschow und Kohl, Mitte Juli 1990 im Kaukasus, wurden die sowjetischen Truppen bis 1994 aus Deutschland abgezogen. Dafür zahlte die Bundesrepublik zwölf Milliarden DM und zusätzlich einen zinslosen Kredit von drei Milliarden DM. Es war die größte Truppenverlegung der Militärgeschichte in Friedenszeiten. Über 540 000 Personen, davon mehr als 300 000 Soldaten und Offiziere, verließen Deutschland und übergaben eine Fläche in der Größe des Saarlandes an die neue Bundesrepublik. Dies bedeutete einen riesigen Organisationsaufwand, abgesehen von der menschlichen Dimension dieser gewaltigen Veränderung.

Über den **Stadthafen von Rostock** wurde der Rücktransport der Sowjettruppen teilweise durchgeführt.

Die russische Armee verabschiedete sich mit einer Militärparade am 25. Juni 1994 in der Wuhlheide und mit einer Abschiedsfeier am 31. August 1994 im Treptower Park in Berlin. Am gleichen Tag meldete der Kommandeur der Westgruppe der russischen Truppen, Generaloberst Matwej Provopjewitsch Burlakow, den vollständigen Abzug der russischen Truppen aus Deutschland.

Die russischen Fahnen wurden eingeholt, das Staatsemblem an der Kommandantur in der **Hundertmännerstraße** in Rostock im November 1993 abgenommen.

So ging die Russenzeit nach 48 Jahren etwas klanglos zu Ende.

Anhang

B E F E H L des Wehrmachtkommandanten Nr. 1
Seestadt Rostock, 5. Mai 1945

Die siegreichen Truppen der Roten Armee sind in die Seestadt Rostock einmarschiert. Dieser Einmarsch der Sowjettruppen in Deutschland ist ein Ergebnis des Krieges, den die Hitlerregierung durch den treubrüchigen Überfall auf die Sowjetunion begonnen hat. Die Rote Armee setzt nach Zerschlagung der Hitlerarmee und Besetzung der Reichshauptstadt Berlin mit USA und Englands Armeen den Krieg bis zur vollständigen Vernichtung des ganzen verbrecherischen Hitlerregimes fort, das die Welt in diesen blutigen Krieg gestürzt hat.

Ich befehle:

I

1. Der gesamte vom Hitlerregime geschaffene Staats- und Verwaltungsapparat ist aufgelöst.

Alle nach dem 30. Januar 1933 erlassenen Gesetze sind außer Kraft gesetzt.

Der neue Bürgermeister der Seestadt Rostock, Christoph Seits, hat unverzüglich alle Akten und das Eigentum der Stadtverwaltung zu übernehmen und tritt sofort sein Amt an.

2. Die sogenannte NSDAP und alle angeschlossenen Organisationen sind aufgelöst und als gesetzwidrig erklärt.

Alle Leiter der Organisation der NSDAP, SA, HL, des NSKK, des NS-Studentenbundes, NS-Beamtenbundes, NS-Lehrerbundes, NS- Juristenbundes, BDM, der NS-Frauenschaft u. a. haben sich sofort bei dem Wehrmachtskommando der Seestadt Rostock zwecks Registrierung zu melden.

Unterlassung dieser Handlung wird als eine gegen die Rote Armee feindlich gerichtete Handlung geahndet, die gleichbedeutend mit Spionage und Sabotagetätigkeit ist.

3. Alle Angehörigen, Angestellten und Beamten der SS, Gestapo, SD, Feldgendarmerie und alle Gliederungen der Polizei haben sich unverzüglich bei dem Wehrmachtskommandanten der Seestadt Rostock zu melden. Personen, die dieser Meldepflicht unterliegen und ihr nicht nachkommen, sind festzunehmen.

4. Das Eigentum der oben genannten Partei und Staatsbehörden, namentlich Archive, Ausstattung, vorhandene Geldbeträge sowie das persönliche Eigentum flüchtiger Leiter und Angehörigen dieser Organisationen wird beschlagnahmt. Personen, die versuchen, jegliche Art des obengenannten Eigentums zu verstecken, zu vernichten oder sich anzueignen, werden mit aller Härte der Kriegsgesetze bestraft.

5. Alle Angehörigen der Wehrmacht, des Volkssturms, des Arbeitsdienstes sowie der Organisation Todt haben sich unverzüglich bei dem Wehrmachtskommandanten der Seestadt Rostock zur Registrierung zu melden. Wer sich dieser Meldepflicht zu entziehen versucht, wird als Spion und Saboteur mit allen sich daraus ergebenden Folgen behandelt.

6. Alle Personen, die im Besitz von Feuer- oder blanken Waffen, Sprengstoff sowie Sendeanlagen, Empfangsgeräten und Multiplikationsapparaten sind, haben die angeführten Gegenstände bei dem Wehrmachtskommando der Seestadt Rostock unverzüglich abzugeben. Herstellung, Aufbewahrung und Ankauf von Waffen aller Art, von Sprengstoff, Sende- und Empfangsgeräten werden nach den Kriegsgesetzen mit dem Tode bestraft.

7. Alle Einwohner der Stadt sind verpflichtet, zur Entlarvung aller Agenten des verbrecherischen Hitlerregimes und somit zur schnellen Beendigung des Krieges beizutragen.
Alle Personen, ohne Unterschied des Alters und Geschlechts, die denjenigen, die gegen die unter Ziffer 1, 2, 3, 4, 5 und 6 angeführten Anordnungen verstoßen, Aufnahme gewähren oder von denselben Kenntnis haben und keine Meldung erstatten, werden als Mittäter zur strengsten Verantwortung gezogen.
Bei Krankheit, Abwesenheit oder sonstigen Behinderungsfällen hat die Meldung der unter Ziffer 1–6 angeführten Personen durch nächststehende Angehörige sofort zu erfolgen.

II

1. Meine Anordnungen sind für die Bevölkerung bindend und gelten als Gesetz. Nichterfüllung meiner Anordnungen wird als gegen die Rote Armee feindlich gerichtete Handlung geahndet.

2. Alle Arbeiter, Angestellte, Kaufleute, Gewerbetreibende und Handwerker sind verpflichtet, auf ihrem Posten zu bleiben und ihrer Arbeit nachzugehen. Leiter von Unternehmen, Privatfirmen, Werkstätten und dergleichen sind für die reibungslose Fortsetzung der Arbeit verantwortlich. Ein Herumdrücken von der Arbeit und der gewohnten Beschäftigung wird als Sabotage betrachtet und entsprechend den Kriegsgesetzen bestraft. Das Eigentum derer, die sich der Sabotage schuldig gemacht haben, wird beschlagnahmt.

3. Die Ordnung der Lebensmittelversorgung und Lebensmittelzubereitung werden von der neuen Stadtverwaltung der Seestadt Rostock festgelegt. In der Seestadt Rostock wird folgende Ordnung festgelegt:

a) Das Verlassen der Wohnungen durch die Zivilbevölkerung ist von 8.00 bis 20.00 Uhr mitteleuropäischer Zeit gestattet
b) Für die peinlichste Einhaltung aller Regeln der Verdunkelung sind alle Hausbewohner und vor allem die Hauseigentümer verantwortlich
c) Es ist strengstens untersagt, Militär- und Zivilpersonen ohne Genehmigung des Wehrmachtoberkommandanten der Seestadt Rostock Unterkunft zu gewähren.
d) Personen, die den Anordnungen der oben angeführten Buchstaben a) bis d) zuwiderhandeln, werden mit aller Strenge der Kriegsgesetze zur Verantwortung gezogen.

4. Dieser Befehl gilt bis auf weitere Anordnungen als Gesetz.

Wehrmachtkommandant der Seestadt Rostock
Oberst PRJADKO

Soldaten der Sowjetarmee auf dem Weihnachtsmarkt in Rostock.
Kontakte mit Deutschen waren auch später eher selten

Über den Autor

Dr. Werner Breuer

Werner Breuer wurde 1935 in Rostock geboren und verlebte dort seine Kindheit und Jugendjahre. Die Reifeprüfung bestand er 1954 an der Großen Stadtschule I am Rosengarten. Wegen seiner bürgerlichen Herkunft wurde er zum Studium an keiner Hochschule zugelassen und begann deshalb eine Lehre als Fernmeldemonteur beim Fernmeldeamt in Rostock, mit Abschluss in Stralsund. Weil ihm die Reifeprüfung aus Rostock nicht anerkannt wurde, musste er in der Bundesrepublik erneut das Abitur absolvieren.

1956 bestand er das zweite Abitur am Hittorf Gymnasium in Münster.
Ab 1957 studierte er an der Carolo Wilhelmina in Braunschweig Elektrotechnik.

Der berufliche Werdegang begann mit einer Institutstätigkeit und einer Anstellung bei der Stadtwerke Wolfsburg AG. 1978 promovierte er zum Dr.-Ing. über ein Fachbereichsthema.

Bis zu seinem Ausscheiden 1996 war er Prokurist und Abteilungsleiter für Fernwärme- und Wasserversorgung. Aus dieser Zeit stammen viele fachliche Veröffentlichungen, ebenso aus seiner Tätigkeit im Public Relationsausschuss des Bundesverbandes der Deutschen Gas- und Wasserwirtschaft.

Neben seinem Fachgebiet ist er stets dem aktiven Sport, der gegenständlichen Kunst und dem Feuilletonismus zugeneigt.

Geboren in den 20ern
Unsere Kindheit, unsere Jugend …
von Geo Kaef
80 S., gebunden, zahlr. S-w-Fotos
(ISBN 978-3-937924-58-8)

Geboren in den 30ern
Unsere Kindheit, unsere Jugend …
von Uwe Schieferdecker
80 S., gebunden, zahlr. S-w-Fotos
(ISBN 978-3-937924-59-5)

Geboren in den 40ern
Unsere Kindheit, unsere Jugend …
von Kurt Wünsch
80 S., gebunden, zahlr. S-w-Fotos
(ISBN 978-3-937924-60-1)

Geboren in den 50ern
Unsere Kindheit, unsere Jugend …
von Sylvia Pommert
80 S., gebunden, zahlr. S-w-Fotos
(ISBN 978-3-937924-61-8)